Klima

geht uns alle an

Cornelia Füllkrug-Weitzel
(Hrsg.)

Klima
geht uns alle an

GEDANKEN ZUR LAGE
DER SCHÖPFUNG

edition chrismon

Bibliografische Information der Deutschen Nationalbibliothek:
Die Deutsche Nationalbibliothek verzeichnet diese Publikation in der
Deutschen Nationalbibliografie; detaillierte bibliografische Daten
sind im Internet über http://dnb.d-nb.de abrufbar.

Coverillustration: Francesco Ciccolella

Gesamtgestaltung: Hansisches Druck- und Verlagshaus GmbH · Frankfurt am Main,
Cover: Ellina Hartlaub, Innenlayout: Lisa Fernges
Druck und Bindung: GRASPO CZ a.s., Zlín

ISBN 978-3-96038-210-2
www.eva-leipzig.de

Für Florian Benedikt

Inhalt

Cornelia Füllkrug-Weitzel

Klima

geht uns alle an!

VORWORT

ch schreibe dieses Buch in der festen Überzeugung, dass die Eindämmung des Klimawandels in unserer Generation eine Schicksalsfrage der Menschheit ist. Ich gehöre zu den Menschen, die „postfaktischen" Verdummungsstrategien keine Chance einräumen. Ich bin sicher, dass die Fakten und wissenschaftlichen Erkenntnisse ihre Überzeugungskraft entfalten können. Das wird insbesondere gelingen, wenn die Klimakrise ein Gesicht bekommt, etwa durch die Erzählung von Menschen, die mit den Folgen des Klimawandels zu kämpfen haben und nicht aufgeben, Strategien zum Weiterleben zu entwickeln. Das gelingt auch, wenn wir nicht Ohnmachtsgefühle produzieren, sondern aufzeigen, welche Optionen wir haben, die notwendige Wende unseres Wirtschafts- und Lebensstils herbeizuführen. Wir sollten begehbare Wege aus der Klimakrise heraus aufzeigen, die Menschen ermutigen und bestärken, das vermeintliche Schicksal abzuwenden. Nicht minder wichtig ist es mir, aufzuzeigen, worin die Chancen und Zugewinne im eigenen Leben liegen, wenn wir klimaneutral zu leben versuchen und welche Kosten zur Schadensbegrenzung und Bewältigung gespart werden könnten. Die wissenschaftlichen Erkenntnisse sprechen eine eindeutige Sprache: Wir haben noch zehn Jahre, um

Cornelia Füllkrug-Weitzel (geboren 1955) ist Präsidentin von Brot für die Welt und Diakonie Katastrophenhilfe. Die evangelische Pfarrerin und Politologin arbeitete an der Universität als Frauen- und Menschenrechtsreferentin und in der politischen Bildungsarbeit der Evangelischen Kirche in Deutschland. Sie war Vorsitzende von ACT Alliance, dem weltweiten Netzwerk von Kirchen für Entwicklung und humanitäre Hilfe. Die Themen Klimawandel und Klimagerechtigkeit begleiten Füllkrug-Weitzel seit vielen Jahren. Sie ist Unterstützerin des ökumenischen Klimapilgerwegs und nimmt regelmäßig an nationalen und internationalen Veranstaltungen teil, u.a. der Klimakonferenz 2015 in Paris und dem Sonderklimagipfel 2019 in New York.

eine Klimakatastrophe abzuwenden. Nicht mehr. Aber wir haben diese zehn Jahre – nicht weniger. Und das gibt uns Hoffnung und den klaren Auftrag, sie zu nutzen. Millionen junge Menschen haben den Ernst der Lage begriffen. Und sie haben unsere Mut- und Tatenlosigkeit satt. Immer freitags und inzwischen rund um den Erdball gehen sie auf die Straße, um uns aufzurütteln, endlich entschiedene und verbindliche klimapolitische Schritte zu unternehmen. Sie haben genug von Jahrzehnten, in denen Klimapolitik von Regierenden bestenfalls als politischer PR-Gag inszeniert wurde, sie aber nicht auf die harten Transformationserfordernisse eingehen wollten. Sie akzeptieren nicht länger, dass Jahr um Jahr die Fieberkurve der Erde gefährlich hochgetrieben wird, weil Politiker den Verlust der Wählergunst gefährlicher finden und es deshalb zum Beispiel mindestens seit einem Jahrzehnt unterlassen, die notwendigen Schritte zum sozial verträglichen Umbau der Kohlereviere zu ergreifen und dafür zu werben. Ein sinnlos verlorenes Jahrzehnt. Sogar für die Politiker, die ihre Mehrheit trotzdem nicht sichern konnten.

Die jungen Leute halten uns den Spiegel vor und haben Recht damit. Ich habe meinen Sohn Florian Benedikt viel zu früh verloren. Aber ich weiß: Er wäre einer von ihnen gewesen. Deshalb widme ich ihm dieses Buch. Der Optimismus, den wir geteilt haben, wurzelt im christlichen Glauben und der festen Überzeugung, dass es kein unabwendbares Schicksal gibt – auch nicht bezüglich des Klimawandels. Wir können ihn stoppen – wenn wir innehalten und umkehren zurück ins Leben, wie es die Evangelische Kirche in Deutschland schon 2009 formuliert hat.

Ich werde keine Enkelkinder haben. Aber das muss man auch nicht, um sich für die Lebensrechte der kommenden Generationen verantwortlich zu fühlen. Ich habe als Präsidentin von Brot für die Welt und der Diakonie Katastrophenhilfe das Privileg, in viele Länder zu reisen und – anders als Touristen – die harten Realitäten kennenzulernen, denen die örtliche Bevölkerung ausgesetzt ist. Unter meinen Reisezielen waren auch viele Regionen, die schon seit Jahren massiv unter dem Klimawandel zu leiden haben. Und ich hatte in den Vertretern unserer Partnerorganisationen vor Ort stets hochgradig und langjährig erfahrene Experten, die mir und meinen Mitarbeitenden helfen, die komplexen und tiefgehenden sozialen, kulturellen, wirtschaftlichen Veränderungen zu verstehen, die der Klimawandel ihnen abverlangt – und auch für uns bedeuten würde, wenn wir es soweit kommen lassen. Wir haben die Folgen des Klimawandels bisher ignorieren können, weil wir damit – wieder mal – einseitig die Armen im Globalen Süden belastet haben. Entwicklungserfolge der letzten Jahrzehnte wurden zerstört. Der Klimawandel ist gegenwärtig der größte Armutstreiber. Brot für die Welt und die Diakonie Katastrophenhilfe verwenden einen Teil öffentlicher Mittel und der uns anvertrauten Spenden dafür, zu reparieren, was von uns nie hätte kaputt gemacht werden dürfen. Weit weg haben wir die kostspieligen Folgen des Klimawandels ausgelagert. Als Präsidentin zweier Hilfswerke fühle ich eine große Verantwortung dafür, die Lösung der Probleme da anzupacken, wo sie verursacht werden: bei uns. Warum Leiden und hohe Kosten produzieren, wenn es so viel billiger und verantwortlicher wäre, bei uns die Hebel umzulegen? Viele Menschen sagen mir immer wieder, sie wollen nicht bloß für die Armen in Entwicklungsländern spenden, sondern sich persönlich engagieren. Das können sie! Ich möchte Sie dringend aufrufen und anregen, einen persönlichen Einsatz zu leisten, indem Sie ihren Lebenswandel und ihre Konsummuster überdenken und sich politisch einmischen an der Seite der jungen Leute.

Wenn ich in diesem Buch über Begegnungen mit Menschen in Äthiopien, Bangladesch und El Salvador berichte oder unsere Klimareferentin, Sabine Minninger, von ihren Begegnungen im Pazifik, dann nicht nur, um mit Hilfe einer Art Zoom heranzuholen und sichtbar zu machen, was wir mit unseren übermäßigen CO_2-Emissionen anrichten. Vom Kampf der betroffenen Bevölkerung und unserer Partnerorganisationen in Afrika, Asien, Lateinamerika und dem Pazifik gegen die Folgen des Klimawandels geht auch große Ermutigung aus und wir dürfen davon praktisch, aber auch spirituell lernen.

Hinzu kommen in diesem Buch viele Gespräche mit Persönlichkeiten und Experten wie dem Leiter des Potsdam-Institutes für Klimafolgenforschung, Professor Johan Rockström, der sich seit Jahrzehnten mit dem Klimawandel befasst, dem Meteorologen Sven Plöger, der uns das Wettergeschehen in der Tagesschau vermittelt, oder dem Erzbischof von Kapstadt, Thabo Makgoba, der dem Klimawandel tagtäglich im südlichen Afrika begegnet. Ihnen allen möchte ich danken, weil sie dazu beigetragen haben, mir und hoffentlich auch Ihnen, liebe Leserinnen und Leser, vertiefte Einblicke in den Klimawandel zu vermitteln.

Dieses Buch wäre nicht vollständig ohne die vielen weiteren Beiträge, unter anderem von Bärbel Höhn, die auf eine lange Karriere in der Klimapolitik zurückblickt und heute die Energiewende-Erfahrungen Deutschlands in Afrika vermittelt. Dirk Messner, Präsident des Umweltbundesamtes und Marian Feist, der an der Universität der Vereinten Nationen zu den Zusammenhängen von Umwelt und menschlicher Sicherheit arbeitet, zeigen auf, wie sehr Gerechtigkeit, nachhaltige Entwicklung und Klimaschutz zusammenhängen. Jan Christensen, Ulrike Eder und Judith Meyer-Kahrs berichten von den ermutigenden Erfahrungen der Evangelisch-Lutherischen Kirche in Norddeutschland, die einen Fahrplan zur vollständigen Dekarbonisierung bis 2050 beschlossen hat. Freiheit zur Begrenzung – die Verantwortung der Kirche für Klimaschutz diskutiert der Ratsvorsitzende der Evangelischen Kirche von Deutschland und bayerische Landesbischof Heinrich Bedford-Strohm.

Sie alle beleuchten den Klimawandel aus unterschiedlichen Perspektiven. Aber ganz gleich ob wissenschaftlich, politisch oder theologisch begründet – sie eint der drängende Appell für massive Veränderungen in unserer Lebens- und Wirtschaftsweise, damit uns eine gute Zukunft bleibt. Auch Angela Merkel spricht vom disruptiven Wandel, den wir benötigen, um den Klimawandel zu bewältigen. Disruptiv steht für Technologiebrüche und umwälzende Veränderungen. Ich stimme dem zu. Wir stehen am Scheideweg. Ohne die Bereitschaft zu schnellen und großen Veränderungen berauben wir nachfolgende

Generationen und unsere Mitwelt in verantwortungsloser Weise ihrer Lebenschancen.

Es stimmt mich deshalb froh, dass ich auch junge Erwachsene aus Deutschland und von den Marshall-Inseln habe gewinnen können, ebenfalls zu diesem Buch beizutragen. So zum Beispiel Luisa Neubauer, Geografie-Studentin und prominente Stimme der Fridays-for-Future-Bewegung in Deutschland, und Selina Leem, junge Aktivistin aus dem Pazifik. Was sie zu sagen haben, verdient es fürwahr, gelesen zu werden. Welch eine Vitalität, mit der sie sich dem Klimawandel stellen und uns zugleich herausfordern! Lassen Sie uns diese Herausforderung gemeinsam annehmen! Noch können wir umsteuern – wenn wir gemeinsam handeln!

Als das Pariser Klimaabkommen 2015 nach langen und schwierigen internationalen Verhandlungen angenommen wurde, gab es einen Moment globaler Euphorie, endlich die richtigen Schritte zu unternehmen. Doch spätestens seit der Ankündigung der USA, das Abkommen zu verlassen, und verstärkt noch durch Deutschlands zögerliches Handeln, die Verstromung von Kohle zu beenden, schien sich wieder Mutlosigkeit breitzumachen. Nun aber bricht sich ein gesellschaftlicher Stimmungswandel Bahn, scheint die Stimmung zugunsten einer aktiven Klimaschutzpolitik zu kippen. Mindestens ein Kipppunkt sind die Freitagsstreiks der Schülerinnen und Schüler. Vorbereitet und nun auch verstärkt wurde der gesellschaftliche Wandel nicht allein, aber auch nicht zuletzt durch die beiden großen Kirchen. Schon seit dem Konziliaren Prozess für Gerechtigkeit, Frieden und Bewahrung der Schöpfung in den Achtzigern haben sie unermüdlich den Auftrag zur Bewahrung der Schöpfung in den Vordergrund gestellt. Der Deutsche Evangelische Kirchentag im Juni 2019 war ein einziger flammender Appell, endlich mutiger zu handeln! Genährt wird der Stimmungswandel von immer mehr Wetterextremen auch bei uns, die selbst dem größten Ignoranten signalisieren: Tatsächlich, der Klimawandel geht uns alle an – nicht nur irgendwelche Insulaner im Pazifik! Und ermutigt wird der gesellschaftliche „Klimawandel" schließlich durch die vielen guten Beispiele, die zeigen, dass Klimaschutz, Wohlstand und Wohlbefinden sich nicht ausschließen, sondern – ganz im Gegenteil – sich bedingen.

Von all diesem handelt dieses Buch, mit dem ich Sie mitnehmen möchte auf eine Reise in eine klimafreundliche Zukunft. Nicht Mutlosigkeit, sondern die Bereitschaft, Verantwortung zu übernehmen für unsere eine Welt, sollte uns dabei leiten, die Herausforderung der Klimakrise anzunehmen und als Chance auf ein besseres Leben zu begreifen. Mir gibt mein Glaube Kraft und die Zuversicht, dass uns das gelingt. Christen sind Hoffnungsmenschen!

Cornelia Füllkrug-Weitzel

Interview mit Sven Plöger

Gemeinsinn
über Egoismus

WARUM KLIMASCHUTZ
KEIN VERZICHTSTHEMA IST

Wann ist der Klimawandel für Sie erstmals zum Thema geworden? Gab es dafür einen Auslöser?

Sven Plöger: Auslöser war der Sturm Lothar mit seinen schweren Schäden vor allem im Schwarzwald im Jahr 1999. Da habe ich angefangen, mich intensiver mit dem Klimawandel zu beschäftigen. Ich kann mich noch erinnern, dass ich relativ kurze Zeit vor dem Sturm zu meiner Frau sagte: „Irgendwas stimmt nicht beim Wetter. Die Hochs und die Tiefs, die bleiben ständig stehen. Die ziehen langsamer ab." Und dann kam Lothar, ein Sturm, bei dem ich die Spitzen-Windböe von 180 Kilometern pro Stunde selbst erlebt habe und dabei zusehen musste, wie ein Drittel des Waldes auf dem Berg, an dem wir arbeiteten, umgestürzt ist. Natürlich war Lothar ein Wetterereignis, aber mir stellte sich die Frage, wie sich Wetterereignisse aller Art verändern, wenn es auf der Erde immer schneller immer wärmer wird. In diesem Moment wurde der Klimawandel für mich von etwas Abstraktem zu einem sehr stark empfundenen Gefühl. Da kam mir auch der Gedanke, dass Stürme, die sich durch unseren Einfluss aufs Klima verändern, uns Menschen zu Opfern unserer eigenen Taten machen.

Sven Plöger (geboren 1967) ist Meteorologe und Moderator. Im Jahr 1999 moderierte er seine erste Wettersendung in der ARD und ist bis heute regelmäßig vor der Tagesschau zu sehen. Daneben produziert Plöger TV-Dokumentationen, schreibt Bücher und ist auf Vortragsreisen in Deutschland unterwegs.

Wie funktioniert der Klimawandel? Was sind die wichtigen Dinge, die man wissen muss?

Es gibt einen Treibhauseffekt, das heißt es gibt Gase, die in die Atmosphäre gelangen und diese erwärmen. Das passiert dadurch, dass diese Gase zwar durch die kurzwellige Sonnenstrahlung in die Atmosphäre eintreten, die langwellige Strahlung des von der Erde reflektierten Lichtes sie aber nicht völlig ungehindert austreten lässt. Das ist von Natur aus zunächst mal gut. Hätten wir keine Treibhausgase, wäre die Erde mit einer mittleren Jahrestemperatur von minus 18 Grad unbewohnbar. An diesem Treibhauseffekt sind verschiedene Gase beteiligt: Allen voran der Wasserdampf, dann das bekannte Kohlendioxid, aber auch Methan, Lachgas und viele weitere Spurengase. Nachdem die Treibhausgaskonzentration in der Atmosphäre über viele Jahrtausende hinweg ziemlich stabil war, bringen wir Menschen seit der Industrialisierung immer mehr dieser Gase in die Atmosphäre ein und erwärmen sie zusätzlich. Wie begrenzt unsere Erfolge im Klimaschutz bislang sind, sieht man daran, dass die globalen Emissionen Jahr für Jahr noch immer steigen. Über 40 Milliarden Tonnen sind das jährlich, und viele dieser Gase bleiben für 50 bis 100 Jahre in der Atmosphäre wirksam.

Man spricht ja immer von globaler Erwärmung. Ist das denn überhaupt messbar?
Das Wetter ist etwas sehr Wechselhaftes, das an jedem Ort anders ist. Aber aus verschiedenen Parametern, also etwa Temperatur oder Niederschlag, können wir natürlich einen Mittelwert bilden und über einen längeren Zeitraum schauen, ob sich dieser in eine bestimmte Richtung verändert oder nicht. Wie ermitteln also einen langfristigen Trend. Dafür betrachten wir den Verlauf des Wetters an

einem Ort über 30 Jahre hinweg. Das muss man nicht nur auf einen Ort beschränken, sondern kann das Flächenmittel über den gesamten Globus bilden. Trend und tägliches Geschehen können auch mal gegeneinander laufen. Das ist überhaupt kein Widerspruch. Aber wir sehen bei der Temperatur eine sich deutlich beschleunigende Erwärmung. Gegenüber dem langjährigen Mittel der Jahre 1951 bis 1980 haben wir eine erkennbare Erwärmung, und wenn wir die letzten 100 Jahre anschauen, dann stellen wir fest, dass es im globalen Mittel fast ein Grad wärmer geworden ist.

Jetzt könnte man einwerfen: „Ein Grad, das ist nicht viel!" Das ist aber falsch. Richtig ist, dass unheimlich viel passieren muss, damit sich die globale Mitteltemperatur um ein Grad erhöht. Das heißt, ein Grad ist eine erhebliche Veränderung. Um das an einem Beispiel zu verdeutlichen: In der letzten Eiszeit, in der das Klima bei uns ja ganz anders war, mit Eisbergen bis nach Norddeutschland und den Alpen als einer einzigen Eismasse vergleichbar mit Grönland heute, da war es im globalen Mittel gerade einmal vier Grad kälter als heute. Vier Grad. Das heißt, unser Planet hat sich um vier Grad in den 11.000 Jahren seit der letzten Eiszeit erwärmt und davon wiederum um ein Grad in den letzten 100 Jahren. Daran sieht man, wie massiv wir die Erwärmung beschleunigt haben.

Welche Folgen hat die Erwärmung denn für unser Wettergeschehen?

In einer wärmeren Atmosphäre steckt prinzipiell mehr Energie, die freigesetzt werden kann. Insbesondere kann sie mehr Wasserdampf aufnehmen und damit kann auch mehr kondensieren und wieder als Regen oder Starkregen herausfallen. Außerdem ist die Erwärmung in verschiedenen Regionen unterschiedlich stark und so ändern sich auch die Strömungen, konkret die sogenannte Zirkulation der Atmosphäre und damit eben auch unser tägliches und fühlbares Wettergeschehen. Nehmen wir als Beispiel den Sommer 2018. Wochenlang lag ein Hoch über der Mitte Europas und reichte hinauf nach Skandinavien. Doch warum zog es nicht weiter? Um das zu erklären, müssen wir uns gedanklich mal in den hohen Norden, in die Polarregion begeben. Dort sehen wir, wie sich das arktische Eis wahnsinnig schnell zurückzieht. Das ist aber für unser Wetter von zentraler Bedeutung: Der Rückzug des arktischen Eises führt zu einer übermäßigen Erwärmung in den polaren Breiten. Das sind dort mancherorts bis zu zwei Grad innerhalb von nur zwanzig Jahren! Weil damit das Temperaturgefälle zwischen den Polen und dem Äquator abnimmt, wird die globale Wärmepumpe, die diese Temperaturunterschiede ausgleichen will, verlangsamt. Sichtbar ist diese Wärmepumpe als sogenannter Jetstream, einem Starkwindband in rund 10 Kilometern Höhe. Schwächt sich dieses im Mittel ab, so wandern auch unsere Hochs und Tiefs langsamer, denn auch beim Wetter wird „oben" bestimmt, was „unten" geschieht. Manchmal – wie im Sommer 2018 – bleibt ein Hoch, manchmal aber auch ein Tief sogar wochenlang stehen, ihm fehlt praktisch der Antrieb. Ich nenne das „Standwetter" in

„Die Klimaveränderungen treten in der Realität schneller ein, als vorhergesagt"

Anlehnung an den Begriff „Standfußball". Kurz zusammengefasst: Je mehr wir das arktische Eis abschmelzen, desto stärker wird sich der Jetstream verlangsamen.

Wie sehr besorgt Sie das?

Sehr. Wenn ich mir die Klimatrends anschaue und sie mit den Prognosen aus Klimamodellen vergleiche, dann stelle ich fest, dass die Klimaveränderungen in der Realität schneller eintreten, als vorhergesagt. Gleichzeitig erleben wir die schrecklichen Folgen von Extremwetterereignissen, die ja nicht nur hohe Sachschäden verursachen, sondern auch Leib und Leben bedrohen. Ich denke da zum Beispiel an die beiden schlimmen Wirbelstürme im Frühjahr 2019 in Mosambik. Natürlich gibt es immer mal wieder Wirbelstürme, aber deren Wahrscheinlichkeit und ihr Ausmaß nehmen einfach drastisch zu. Neben dem steigenden Risiko von Extremwetterereignissen gibt es aber gleichzeitig auch noch die langfristige Gefahr der kompletten Veränderung unserer Lebensgrundlagen. Das gilt für ganz viele Regionen, aber insbesondere die Entwicklungsländer, die aufgrund ihrer tropischen Lage nicht nur stärkeren Wetterextremen ausgesetzt sind, sondern auch nicht über die finanziellen und technischen Möglichkeiten der Klimaanpassung verfügen wie wir. Mich besorgt die Langsamkeit mit der wir als menschliche Gesellschaft auf den Klimawandel reagieren. Mich besorgt die Langsamkeit der Politik. Und mich besorgt manchmal auch meine eigene Langsamkeit. Ich finde es falsch, dass in der Klima-Debatte der kurzfristige Verzicht so viel Raum einnimmt. Viel wichtiger ist es doch, die Chancen zu sehen, die wir haben, wenn wir die Dinge verändern und uns dann klar machen, worauf wir alles verzichten müssten, wenn wir jetzt nicht schnell handeln, um die schlimmen Folgen des Klimawandels noch zu vermeiden.

Derzeit gehen vielerorts Schülerinnen und Schüler freitags auf die Straßen und demonstrieren für Klimaschutz. Was sagen Sie, wenn Sie ihnen begegnen?

Ich bin einigen begegnet und bekomme auch viele Mails von jungen Menschen. Ich bin schwer beeindruckt. Das Thema bewegt sie, weil sie spüren, dass die Dinge nicht so sind, wie sie eigentlich sein müssten. In Greta Thunberg haben sie eine Leitfigur und über die sozialen Medien verbreitet sich eine solche Bewegung viel schneller als früher. Der freitägliche Schulstreik ist meiner Meinung nach absolut richtig. Nur das schafft die nötige Aufmerksamkeit. Arbeitnehmer streiken ja auch nicht in ihrer Freizeit. Irritierend ist, dass in den Medien immer zuerst die Frage gestellt wird, ob das denn ginge, freitags zu streiken. Nie ist die erste Frage: „Was besorgt euch und was fordert ihr?" Die Schülerinnen und Schüler haben ja recht! Und wenn ich dann solche Sprüche höre wie „Überlasst das den Profis", dann ist meine Antwort natürlich: „Liebe Jugendliche, ihr habt gesehen, wie die Profis das gemacht haben in den letzten Jahren und was dabei rauskommt. Wenn ihr mehr wollt, geht auf die Straße."

Und sie wissen ja auch, dass sie die Folgen des Klimawandels noch viel stärker und vor allem auch länger zu spüren bekommen als wir. Wir erleben schon heute bei einem Temperaturanstieg von gerade mal einem Grad so viele Veränderungen. Stellen wir uns das doch mal bei einem Anstieg auf zwei Grad vor! Das ist das, was wir mit dem Pariser Klimaabkommen einhalten wollen, aber möglicherweise gar nicht schaffen, weil wir viel zu wenig tun. Was würde passieren, wenn wir bei drei oder vier Grad Erwärmung rauskommen? Angesichts unserer Inkonsequenz braucht es eine so glaubwürdige Persönlichkeit wie die des schwedischen Mädchens Greta Thunberg, um uns aufzurütteln. Die sagt nämlich nicht, was zu tun wäre, aber gerade aus welchen Gründen auch immer nicht geht. Sie fordert ein, was zu tun ist. Das ist glaubwürdig und wir sollten im Grunde alle viel mehr so sein, wie sie ist.

„Der freitägliche Schulstreik ist meiner Meinung nach absolut richtig"

Aber nicht nur die junge Generation reagiert, sondern auch bei den älteren Generationen bekommt das Thema immer mehr Bedeutung. Das hat die Europawahl Ende Mai 2019 eindrücklich gezeigt.

Sie haben die Profis angesprochen, das heißt diejenigen, die Klimapolitik machen. Neben der Politik sind es ja auch die Klimawissenschaftler, die seriöse Grundlagen bereitstellen müssen. Wie beurteilen Sie deren Beitrag zu der aktuellen Debatte um den Klimawandel?
Zunächst ist die Aufgabe der Wissenschaft, zu forschen und Wissen zu mehren, damit wir komplexe Zusammenhänge besser verstehen. Jetzt ist der Klimawandel aber gesellschaftlich höchst relevant. Das ist ein ganz anderes Thema, als wenn ich mich als Wissenschaftler etwa mit der Sehfähigkeit von Fliegen auseinandersetze. Dadurch gerät die Wissenschaft zwangsläufig hinein in die

politische Debatte. Das ist keine einfache Rolle, denn da muss ich als Wissenschaftler einerseits objektiv bleiben, aber andererseits als verantwortungsbewusster Bürger auch eine politische Haltung einnehmen.

Ganz wichtig erscheint mir, dass die Klimawissenschaft klar Stellung bezieht gegen Unwahrheiten, Verdrehungen oder Verfälschungen von Tatsachen. Gegen so etwas muss sich die Wissenschaft Gehör verschaffen. Sie darf sich nicht durch Killerphrasen immer wieder in die sich rechtfertigende Defensive drängen lassen. Sie muss vielmehr die sachliche Debatte bestimmen, denn eine undifferenzierte Sichtweise hilft niemandem. Die Wissenschaft muss aus meiner Sicht aber auch lernen, besser zu erklären. Das ist eine Rolle, in der ich auch uns Wettermoderatoren sehe: Wir müssen die Dinge anschaulich vermitteln, so dass die Menschen sie verstehen.

Und ich sehe eine Verantwortung der Medien: Leider schafft eine Handvoll Klimaskeptiker immer wieder den Weg in die Medien, indem sie populistische Argumente vortragen, die seit 40 Jahren widerlegt sind. Natürlich haben die Medien eine Verantwortung, auch über kontroverse Positionen zu berichten. Aber das muss auch Grenzen haben, indem Thesen, die längst widerlegt sind, nicht immer wieder einen solchen Raum eingeräumt bekommen. Hinzu kommt, dass Populisten mit ihren zwar falschen aber einfachen Aussagen relativ leicht Zuspruch bekommen, wenn ein Thema sehr kompliziert ist. Wenn etwa ein Klimaskeptiker die Frage in den Raum wirft, wie 0,04 Prozent Kohlendioxid in der Atmosphäre einen so riesigen Klimawandel auslösen können, dann sagen sich natürlich viele Menschen, dass das wirklich eine sehr geringe CO_2-Konzentration ist. Und wenn dann ein Wissenschaftler mit einer langen Erklärung antwortet, weil er der Komplexität der Dinge gerecht werden möchte, dann mag sich so mancher Zuhörer sagen: „Der Skeptiker, der hat recht." Hat er aber nicht, denn es geht nicht um die Menge, sondern um die physikalische oder chemische Wirkung. Das kann man schön am rein vom Menschen verursachten Ozonloch sehen. Die Konzentration des dafür verantwortlichen FCKW ist eine Millionen mal geringer als die des Kohlendioxids und dafür ist das Ozonloch ganz schön groß.

Klimawissenschaft darf sich nicht so leicht am Nasenring vorführen lassen. Sie muss klar Stellung beziehen und insgesamt politischer werden. Ein solches Zeichen haben die 26.000 Wissenschaftler gesetzt, die in Reaktion auf die Fridays-for-Future-Schülerbewegung eine Erklärung unterschrieben haben als Scientists for Future. Ich habe auch unterschrieben, um die Schüler inhaltlich zu unterstützen und ein klares Zeichen gegenüber Politik und Gesellschaft zu setzen.

Sie halten Vorträge, bekommen Zuschriften und der Klimawandel begleitet Sie seit 20 Jahren. Spüren Sie eine Veränderung in der Reaktion der Menschen auf den Klimawandel?
Es gibt einen Einstellungswandel, der lange Zeit gedauert hat. Das ist so ähnlich wie beim Rauchen. Anders als vor fünfundzwanzig Jahren ist es heute eine Selbstverständlichkeit, dass man nicht mehr in einer Kneipe raucht. Die

Gesellschaft hat sich umgestellt. So ist das auch beim Klimawandel. Veränderung beginnt in den Köpfen und führt dann zu verändertem Handeln. Mit diesem zweiten Schritt fangen wir gerade an. Was ist der Auslöser? Ich glaube, es beginnt damit, dass man selbst wahrnimmt, wie einem das Wetter suspekt wird. Damit wächst dann die Sorge, etwa vor Extremwetter. Und dann spielt bei Eltern und Großeltern sicher auch eine Rolle, dass sie sich Sorgen um die Zukunft ihrer Kinder und Enkel machen. Die Jugendlichen selbst machen sich diese Sorgen ja auch.

Warum handelt die Politik dennoch so langsam?

Ich stelle fest, dass für viele Politiker Klimaschutz noch immer als Verzichtthema wahrgenommen wird, mit dem sie glauben, bei den Wählern nicht punkten zu können. Natürlich ist Klimapolitik kein leichtes Thema und es geht auch nicht ganz ohne Verzicht. Aber darüber hinaus sollten die spannenden Dinge beim Klimaschutz deutlicher gemacht werden. Klimaschutz kann Spaß machen und sich auch finanziell lohnen. Das habe ich erfahren, als wir unser Haus energetisch saniert und unsere Stromversorgung mit Fotovoltaik selbst in die Hand genommen haben.

> „Klimaschutz kann Spaß machen und sich auch finanziell lohnen"

Politik traut sich nicht, zu tun, was nötig ist. Wir sehen das bei der Energiewende, die ins Stocken gekommen ist, und beim Kohleausstieg. Was machen wir da? Wir trauen uns nicht. Natürlich ist der drohende Verlust von Arbeitsplätzen ein Argument, das Berücksichtigung finden muss. Aber das kann doch kein Grund sein, nichts

Sven Plöger

Zunehmende
Dürreperioden
gefährden
die Wasser-
versorgung und
Nahrungsmittel-
produktion
in vielen Teilen
der Welt.

zu tun! Arbeitsplätze verändern sich ständig. In einen ICE steigt auch kein Heizer mehr ein und schaufelt dort die Kohlen. Natürlich muss ich Regionen wie der Lausitz oder den Braunkohlerevieren in Nordrhein-Westfalen eine Perspektive und Förderungsmaßnahmen bieten. Aber Politik muss hier Innovation fördern und nicht den Kohleausstieg aufschieben. Sie muss Leuchtturmprojekte schaffen und Erfolge aufzeigen, anstatt immer nur zu sagen, was wir alles nicht können. Das führt dann dazu, dass wir erst 2038 aus der Kohle aussteigen sollen? Wenn wir uns anschauen, wieviel wir als kleines Land emittieren, dann sind wir eben nicht diese klimafreundliche Nation, die wir immer glauben zu sein. Wir reden viel und machen es dann nicht. Aufsummiert seit dem Jahr 1750 sind wir Deutsche bei der Emission von Treibhausgasen übrigens sogar Platz 4 von weltweit 196 Ländern – und mit heute 80 Millionen Einwohnern sind wir dafür ein vergleichsweise kleines Land. Wenn meine Zuhörer mal sagen: „Wir Deutsche können doch nicht allein die Welt retten", dann antworte ich: „Wir sind doch gar nicht dabei, das zu tun."

Was müsste Politik denn jetzt tun, um die zehn oder zwanzig Jahre, die wir haben, sinnvoll zu nutzen?
Wir müssten die Energiewende erfolgreich zu Ende führen. Wir müssen unsere Emissionen viel schneller und stärker vermindern und dafür auch klare Regeln durchsetzen. Neben dem Energiesektor betrifft das etwa den Gebäudebereich. Gebäude müssen viel besser gedämmt werden. Beim Heizen müssen wir in größeren Schritten auf erneuerbare Energien, also Wärmepumpen, Holz-

Dem pazifischen
Inselstaat
Tuvalu droht der
Untergang.

pellets, Biogas oder Nahwärme umstellen. Beim Kühlen, was in Zukunft immer wichtiger wird, muss Stadtplanung dafür sorgen, dass in den wärmer werdenden Städten eine anständige Belüftung erfolgt, Dächer begrünt und Verdunstungskälte über vermehrte Gewässerflächen erzeugt wird. Wenn man so will, müssen wir die Städte wieder etwas „verländlichen".

Das andere große Thema ist die Mobilität. Da muss man einfach mal nach Kopenhagen fahren und sich ansehen, wie eine Fahrradstadt funktioniert. Der Däne fährt ja nicht deshalb so gerne Fahrrad, weil er immer nur gutes Wetter hat, sondern weil das in Kopenhagen viel besser funktioniert, mit dem Fahrrad und nicht mit dem Auto in die Stadt zu fahren. Da ist alles auf den Fahrrad- und Fußgängerverkehr ausgerichtet. Wenn ich in Deutschland eine große Kreuzung als Fußgänger überqueren möchte, bin ich eine halbe Stunde unterwegs. Warum habe ich nicht Vorrang und der Autofahrer muss warten? Autos mit Verbrennungsmotoren gehören nicht mehr in die Stadt. Um das aber umzusetzen, muss ich neue Konzepte entwickeln und Geld investieren. Wenn Städte leiser, sauberer und schadstoffärmer werden, profitieren wir alle davon. Dinge müssen sich verändern, wenn wir es aber intelligent anfangen, bedeutet das in keiner Weise, dass sie sich verschlechtern.

Sie haben zusammen mit Brot für die Welt unter anderem Bangladesch und den pazifischen Inselstaat Tuvalu besucht, zwei Brennpunkte des Klimawandels. Was haben Sie da mitgenommen?

Sven Plöger

Sehr viel! Vor allem habe ich vor Augen geführt bekommen, in welchem Wohlstand wir in Deutschland leben und in welcher Armut beziehungsweise unter welchen immer schwieriger werdenden klimatischen Bedingungen viele andere Menschen leben. Und wie offen und freundlich die Menschen in Bangladesch und Tuvalu sind. Auch war ich beeindruckt, wie sehr sie dort versuchen, sich mit schwieriger werdenden klimatischen Bedingungen zu arrangieren. Lebenschancen sind auf der Welt sehr ungleich verteilt. Es fehlt uns oft an Verständnis dafür, wie privilegiert wir doch sind. Wenn wir uns das besser bewusst machen, würden wir anders über die Kosten des Klimaschutzes sprechen, und den Blick stärker über den eigenen Tellerrand hinaus richten.

In Tuvalu konnte ich eine Dreiviertelstunde mit dem Ministerpräsidenten Enele S. Sopoaga sprechen, einem beeindruckenden Menschen. Von ihm habe ich die Botschaft mitgenommen, dass sich das Maß an moralischer Integrität und Gerechtigkeit unserer menschlichen Gesellschaft auch daran bemisst, ob wir dem Klimawandel weiter zusehen oder ob wir alles dafür tun, den Menschen auf Tuvalu, deren Insel massiv vom Meeresspiegelanstieg bedroht ist, dazu verhelfen, ihre Heimat zu erhalten. Wie wir uns hier entscheiden und ob wir in Kauf nehmen, dass die Menschen auf dieser und anderen kleinen Inseln zu Flüchtlingen werden, noch dazu, wo gerade diese Menschen überhaupt nichts zum Klimawandel beigetragen haben, wird tief blicken lassen. Senden wir hier also das richtige politische Signal aus und setzen wir Gemeinsinn über Egoismus.

Bärbel Höhn

Blockaden können wir uns nicht mehr leisten

DIE KLIMAKRISE VERSCHÄRFT SICH, DIE ZEIT WIRD KNAPP, DIE POLITIK IST ZU LANGSAM

Mit dem Buch „Die Grenzen des Wachstums" des Club of Rome wurde 1972 das erste Mal in einer breiten Öffentlichkeit das Problem unserer wachstumsorientierten Wirtschaftsweise auf einer begrenzten Erde diskutiert. Danach brauchte es weitere zwanzig Jahre bis zum ersten globalen Nachhaltigkeitsgipfel im brasilianischen Rio de Janeiro. Die erste international verbindliche Verpflichtung der Industrieländer, ihre klimaschädlichen Kohlendioxidemissionen zu reduzieren, erfolgte 1997 mit dem Abschluss des Kyoto-Protokolls in Japan, das allerdings erst 2005 in Kraft trat. Seitdem wurden viele weitere Beschlüsse zum Schutz des Klimas gefasst und Versprechungen gemacht, national wie international. Die Ergebnisse bleiben allerdings weit hinter dem Notwendigen zurück und werden von vielen als niederschmetternd erachtet.

Bärbel Höhn (geboren 1952 in Flensburg) ist eine deutsche Politikerin (Bündnis 90 / Die Grünen). Sie war Vorsitzende des Ausschusses für Umwelt, Naturschutz, Bau und Reaktorsicherheit und Landesministerin für Umwelt, Naturschutz, Landwirtschaft und Verbraucherschutz. Höhn war von 1990 bis 2017 ohne Unterbrechung Landtagsabgeordnete, Landesministerin oder Bundestagsabgeordnete. Sie studierte Volkswirtschaftslehre und Mathematik und hat einen Abschluss als Diplom-Mathematikerin. Höhn ist verheiratet, hat zwei Söhne und vier Enkelkinder. Seit November 2017 ist sie Energiebeauftragte für Afrika des Bundesministeriums für wirtschaftliche Zusammenarbeit und Entwicklung (BMZ).

2018 wurden weltweit so viele Treibhausgase emittiert, wie noch in keinem Jahr zuvor. Da diese Gase sehr lange in der Atmosphäre verweilen und damit deren Konzentration Jahr für Jahr weiter ansteigt, nimmt die noch vorhandene Speicherkapazität bis zum Erreichen der Obergrenze dessen, was an Kohlendioxid emittiert werden darf, ohne die globale Durchschnittstemperatur über 1,5°C hinaus zu erwärmen, rasch ab. Diese gerade noch als vertretbar erachtete Restmenge an Emissionen nennt man auch Kohlendioxid-Budget. Je mehr Jahr für Jahr emittiert wird, desto schneller ist das Budget aufgebraucht. Damit verringert sich die Zeitspanne, die uns bleibt, um die Treibhausgasemissionen schrittweise auf null zu bringen. Verbleiben die Emissionen auf dem hohen Niveau von 2018, ist das Restbudget bis zum Erreichen der 1,5°C-Grenze in rund neun Jahren aufgebraucht. In 26 Jahren wäre bei diesem Emissionsniveau rein rechnerisch die Schwelle zur globalen Erwärmung von 2°C erreicht. Da die Dekarbonisierung unserer Wirtschafts- und Lebensweise Zeit braucht, ist es so ungeheuer wichtig, dass wir diese Zeit jetzt gewinnen. Das geht aber nur, wenn die viel zu hohen Emissionen sofort deutlich gesenkt werden. Nur dann bleibt uns noch genügend Zeit, um Emissionen Schritt für Schritt auch in den Bereichen auf nahe null zu reduzieren, in denen das schwierig und damit auch kostspielig ist. Das gilt zum Beispiel für den Flugverkehr, bestimmte industrielle Prozesse oder die Landwirtschaft. Vergleichsweise einfach ist die Dekarbonisierung hingegen im Energiesektor.

WAS MÜSSTE IN DEUTSCHLAND PASSIEREN?

Deutschland hat sich mit dem Beitritt zum Pariser Klimaabkommen von 2015 dazu verpflichtet, seine Treibhausgasemissionen kontinuierlich zu reduzieren. Gegenwärtig ist Deutschland der sechstgrößte Emittent hinter China, den USA, Indien, Russland und Japan. In 28 Jahren, von 1990 bis zum Jahr 2018, sind unsere Kohlendioxidemissionen um 31 Prozent gesunken. Um die notwendige Reduktion von mindestens 95 Prozent bis 2050 zu erreichen, müssen wir unsere Anstrengungen in den nächsten Jahrzehnten mehr als verdoppeln.

Die Stromproduktion, der Verkehrssektor, die Wärme- und Kälteerzeugung, die Industrie und die Landwirtschaft müssen in spätestens 30 Jahren klimaneutral werden. Das erfordert eine gewaltige Transformation, die es in einer solchen Form noch nie gegeben hat.

Die Energieerzeugung hat mit fast 40 Prozent den größten Anteil am Kohlendioxidausstoß. 80 Prozent dieser Emissionen entfallen auf Kohlekraftwerke. Deshalb ist es so wichtig, dass alte und ineffiziente Braunkohlekraftwerke sehr schnell vom Netz genommen werden. Die von der Bundesregierung eingesetzte Kohlekommission spricht sich in ihrem Abschlussgutachten dafür aus, bis spätestens 2038 vollständig aus der Kohleverstromung auszusteigen. Die Bundesregierung ist jetzt gefordert, dem auch Taten folgen zu lassen und das rasch umzusetzen.

Neben der Fortsetzung der Energiewende ist eine Verkehrswende besonders dringend, weil die Emissionen im Verkehr seit 1990 überhaupt nicht gesunken sind. Die Verkehrswende erfordert wesentlich mehr als nur die beschleunigte Umstellung der Autos auf treibhausgasneutrale Antriebe: Ein verbesserter öffentlicher Personennahverkehr, eine verstärkte Verlagerung des Güterverkehrs von der Straße auf Schiff und Schiene sowie eine viel bessere Infrastruktur für Fahrräder und Fußgänger, besonders in den Städten.

Im Gebäudebereich sind vor allem der Einsatz fossiler Energieträger wie Öl und Gas für Heizungen und die Warmwasserbereitung verantwortlich für die hohen

Emissionen. Hier muss die energetische Sanierung, das heißt die verbesserte Dämmung sowie die Umstellung der Wärmeerzeugung auf effizientere und alternative Heizsysteme, deutlich beschleunigt werden.

Das Gewerbe, der Handel und die Dienstleistungsbranche sind bei der Dekarbonisierung bereits relativ erfolgreich: Sie haben ihren Anteil am Kohlendioxidausstoß seit 1990 fast halbiert, insbesondere dank gezielter Förderprogramme der Kreditanstalt für Wiederaufbau, einer öffentlichen Bank. In der Industrie hingegen stagniert die Kohlendioxidreduktion seit nunmehr 15 Jahren. Demgegenüber hat die Abfallwirtschaft ihren Ausstoß klimaschädlicher Gase bereits um über 70 Prozent reduziert. Weil Abfall nicht mehr deponiert werden darf, sind die Methanemissionen stark zurückgegangen, aber auch die Verwertung von Abfällen hat zu diesem Erfolg beigetragen.

Die Treibhausgasreduktion in der Landwirtschaft ist besonders schwierig. Der Hauptgrund für die erreichte Minderung um 25 Prozent war der starke Abbau des Viehbestandes in den östlichen Bundesländern nach der Wiedervereinigung. Seit 2005 sind die Emissionen aber wieder leicht angestiegen. Weniger Fleischproduktion, der Erhaltung von Wald und Grünland sowie der Schutz der Moore sind für den Klimaschutz besonders wichtig.

WARUM WIR EIN KLIMASCHUTZGESETZ BRAUCHEN

Im Jahr 2002 wurde von der damals rot-grünen Bundesregierung beschlossen, den Kohlendioxidausstoß bis 2020 um 40 Prozent gegenüber 1990 zu reduzieren. Der Bundestag bestätigte dieses Ziel im Jahr 2006, auch mit den Stimmen der CDU/CSU sowie der FDP. Zum damaligen Zeitpunkt waren in den vorausgegangenen fünfzehn Jahren die Kohlendioxidemissionen bereits um 22 Prozent gesunken. In weiteren fünfzehn Jahren nochmals um 18 Prozent zu reduzieren, schien realistisch. Tatsächlich kam es aber anders: Die Emissionen fielen seitdem nämlich nur noch um neun Prozent, wobei zwischen 2009 und 2017 gar keine Reduktion mehr stattfand. Aufgrund dieses Stillstandes wird Deutschland sein Klimaziel für 2020 verfehlen. Das verdeutlicht, warum es so wichtig ist, Klimaschutzziele nicht nur zu verkünden, sondern gesetzlich festzulegen – inklusive Zwischenziele, deren Einhaltung kontrolliert werden muss! Gesetzliche Verbindlichkeit würde es in Zukunft auch wahrscheinlicher machen, dass im Falle neuerlicher Rückschläge die Verantwortlichen rechtzeitig gegensteuern.

KOHLENDIOXID BRAUCHT EINEN PREIS

Für gesundheitsgefährdende Schadstoffe gelten normalerweise Grenzwerte. Für Kohlendioxid gibt es einen solchen Grenzwert nicht. Das wird unter anderem damit begründet, dass es auf europäischer Ebene den Emissionshandel und damit ja bereits eine Obergrenze für die Kohlendioxidemissionen gibt – zumindest für die Sektoren, die dem Emissionshandel unterliegen, wie Energiewirtschaft und Industrie. So werde der Kohlendioxidausstoß schrittweise und sehr wirtschaftlich reduziert. Tatsächlich funktioniert der Emissionshandel aber erst seit sehr kurzer Zeit endlich besser, nachdem die EU den Mechanismus 2018 verschärft hat. Vorher waren zu viele Emissionsrechte ausgegeben worden. Dadurch und aufgrund vieler anderer

Schlupflöcher war der Preis für Kohlendioxidemissionen so niedrig gewesen, dass große Verschmutzer wie Kohlekraftwerke kaum Anreize hatten, ihre Emissionen schneller zurückzuführen. Der Marktmechanismus der schrittweisen Verknappung von Verschmutzungsrechten blieb ein stumpfes Instrument.

Hinzu kommt, dass der Emissionshandel nicht alle Bereiche umfasst: Der Gebäude- und auch der Verkehrsbereich sind davon bislang ausgenommen. Deshalb wird zu Recht die Forderung immer lauter, Kohlendioxid einen Preis zu geben – zum Beispiel über eine Kohlendioxidsteuer oder einen weiter verschärften Emissionshandel inklusive eines Mindestpreises. Nur so würden Verschmutzer zum schnelleren Senken ihrer Emissionen bewegt. Im Gespräch ist hierbei ein Ausgleichsmechanismus – zum Beispiel über die Senkung anderer Steuern – so dass die Belastung der Bürgerinnen und Bürger insgesamt nicht steigt. Insbesondere einkommensschwächere Haushalte würden profitieren, weil sie weniger CO_2 emittieren, weniger fliegen, weniger Strom verbrauchen. Für ein solches Vorgehen gibt es in vielen europäischen Ländern gute Vorbilder, so zum Beispiel in der Schweiz oder auch in Schweden, wo Kohlendioxid einen Preis hat. In Schweden liegt dieser für eine Tonne Kohlendioxid zum Beispiel bei 120 Euro. Im Gegenzug wurden andere Steuern gesenkt.

WARUM PASSIERT IN DEUTSCHLAND SO WENIG?

Die Klimakrise schreitet bei uns eher schleichend voran und wird ähnlich wie der Verlust an Artenvielfalt nur selten als akutes Problem wahrgenommen. Als hingegen die

Elbe über die Ufer trat, Menschen starben und das Hab und Gut von Tausenden zerstört wurde, musste sofort geholfen werden. Bilder der akuten Not überzeugen alle und erhöhen die Bereitschaft zum Handeln.

Vorsorgender Klimaschutz, der dazu beiträgt, dass unsere Lebensgrundlagen auch für künftige Generationen erhalten bleiben, ist politisch schwierig umzusetzen: Fast immer sind nämlich langfristig notwendige Maßnahmen mit kurzfristig spürbaren Nachteilen für einzelne Personengruppen verbunden. Weil sich diese also als „Verlierer" fühlen und protestieren, die langfristigen Gewinner von ambitioniertem Klimaschutz, zu denen wir alle zählen, ihre Vorteile aber häufig nicht bewusst wahrnehmen und deshalb nicht aktiv für Klimaschutz eintreten, bekommen die Bedenkenträger und Blockierer viel zu oft die Oberhand. Der schädliche Einfluss von Populisten und die irreführende Verbreitung von Fake News erschwert den Klimaschutz noch zusätzlich.

DIE VERTRETER VON ALTEN STRUKTUREN HABEN MEHR EINFLUSS ALS DIE PIONIERE DES WANDELS

Alte Braunkohlekraftwerke für den Klimaschutz abzuschalten, ist unabdingbar, aber schwer durchzusetzen. Wenn eine kampagnenstarke Gewerkschaft wie die Bergbau- und Energiegewerkschaft IGBCE den Verlust von 20.000 Arbeitsplätzen befürchten muss, gibt es sofort Protest. Als vor zehn Jahren hingegen 50.000 Arbeitsplätze in der Solarindustrie durch die Konkurrenz aus China weggefallen sind, ging der Verlust dieser Arbeitsplätze fast geräuschlos vor sich. Betroffen waren damals nämlich vor allem mittelständische Unternehmen, deren Beschäftigte gewerkschaftlich kaum organisiert waren.

In den vergangenen 20 Jahren sind über 300.000 zusätzliche Arbeitsplätze im Bereich der erneuerbaren Energien entstanden, mehr als das Zehnfache der im Bereich der Braunkohleförderung und Verstromung in Zukunft abzubauenden Jobs. Deshalb ist es absolut unverständlich, dass in den letzten zehn Jahren der Ausbau der erneuerbaren Energien immer mehr erschwert wurde – obwohl dieser Ausbau Arbeitsplätze schafft, billige Energie liefert und die regionale Wertschöpfung steigert. Eine andere Politik wäre sinnvoll und möglich gewesen, hätte neue Arbeitsplätze geschaffen und dazu beigetragen, die Emissionen in Deutschland schneller zu senken. Solange aber alte Strukturen unverhältnismäßig viel Macht und Einfluss haben, werden sie immer versuchen, neue Konkurrenten kleinzuhalten, um ihr Geschäftsmodell zu schützen – auch wenn das gesellschaftlich und klimapolitisch schädlich ist.

VON KLIMASCHÄDLICHEN STEUERPRIVILEGIEN PROFITIEREN ZU VIELE

Es ist unsinnig, klimaschädliches Verhalten steuerlich zu fördern – zumal später die entstandenen Schäden wiederum mit weiteren Steuermitteln beseitigt werden müssen! Klimaschädliche Subventionen sollten also rasch abgebaut werden. Tatsächlich sind umweltschädliche Subventionen in den letzten fünfzehn Jahren laut Umweltbundesamt aber sogar gestiegen: von 50 Milliarden auf 60 Milliarden Euro jährlich!

Eine dieser klimaschädlichen Subventionen ist das sogenannte Dienstwagenprivileg, das mit rund fünf Milliarden Euro jährlich steuerlich gefördert wird. Hierbei geht es um die steuerliche Begünstigung von Dienst- bzw. Geschäftsfahrzeugen. Das kurbelt die Nachfrage nach eigentlich relativ teuren Fahrzeugen an, indem sie durch Steuervorteile künstlich verbilligt werden. Diese Begünstigung müsste dringend reformiert werden, weil hiervon große Autos mit hohen Emissionen besonders profitieren. In Deutschland werden rund zwei Drittel aller Neuwagenkäufe als Geschäftsfahrzeuge verkauft, in der Oberklasse sogar erheblich mehr. Deshalb bestimmt das Geschäftswagensegment sehr stark, welche Autotypen produziert werden, und damit auch, welche Fahrzeuge später auf dem Gebrauchtwagenmarkt für Privatkunden landen.

Das Steuerrecht bestärkt die Autokonzerne, ihre bisherige Angebotspolitik fortzusetzen, und bremst die notwendige Verkehrswende. Weil hiervon Millionen Menschen profitieren, gibt es bisher keine politische Mehrheit, diese überfällige Reform anzugehen.

ÖKOSTEUER: SOZIAL UND ÖKOLOGISCH SINNVOLL UND DENNOCH ABGELEHNT

Mit Benzinpreiserhöhungen haben viele Politiker schlechte Erfahrungen gemacht. Die rot-grüne Bundesregierung erhob zum Beispiel eine zusätzliche Ökosteuer auf die Benzinpreise. Die Einnahmen werden für die Absenkung der Sozialbeiträge genutzt. Die Kampagne vor allem der BILD-Zeitung gegen die Ökosteuer war derart heftig, dass Bundeskanzler Schröder die Notbremse zog.

Deutschland ist fast das einzige Land auf der Welt, in dem es kein Tempolimit auf Autobahnen gibt. Obwohl das eine Maßnahme wäre, die sofort klimaschädliche Emissionen mindern würde, gibt es hierfür keine Mehrheit. Im Auto-Land Deutschland müsse „freie Fahrt für freie Bürger" gelten, sagen Populisten. Das ist angesichts der vielen Geschwindigkeitsbeschränkungen zwar eine Fiktion, aber die soll erhalten bleiben.

DIE ERNEUERBAREN ENERGIEN, EINE EINZIGARTIGE ERFOLGSGESCHICHTE

Das Erneuerbare-Energien-Gesetz (EEG) ist ein großer Erfolg gewesen. Es konnte auch deshalb so gute Ergebnisse erzielen, weil die großen Energieunternehmen die positive Dynamik für erneuerbare Energien total unterschätzt haben: Mittlerweile erzeugen in Deutschland über 1,5 Millionen Haushalte mit erneuerbaren Energien selbst Strom. Insgesamt liegt der Anteil der erneuerbaren Energien an unserer Stromerzeugung bei über 40 Prozent.

Dieser Trend ist nicht auf Deutschland beschränkt: Fotovoltaik und Windenergie sind inzwischen so kostengünstig, dass weltweit 70 Prozent aller neu errichteten Kraftwerke mit erneuerbaren Energien betrieben werden. Deren schnelle Kostensenkung wurde in den Anfangsjahren entscheidend durch das deutsche EEG vorangetrieben. Man kann durchaus sagen, dass die anfänglich hohe Förderung der erneuerbaren Energien in Deutschland wesentlich dazu beigetragen hat, armen Haushalten den Zugang zu billigem Solarstrom in aller Welt zu erleichtern. Das ist nicht nur klima-, sondern auch entwicklungspolitisch ein großartiger Beitrag Deutschlands!

Bei uns wurde durch das EEG die Monopolstellung von nur vier großen Energiekonzernen gebrochen. Vielerorts sind es heute neben den Stadtwerken vor allem die Bürger, die den Strom dezentral und klimafreundlich produzieren. Das ist gut fürs Klima, schafft regionale Wertschöpfung und befördert Demokratie und Beteiligung.

MIT DER ÖKOLOGIE LÄSST SICH GELD VERDIENEN

„Ökoprofit" ist ein Förderprogramm der öffentlichen Hand für Unternehmen, Krankenhäuser, Kirchengemeinden oder andere große Institutionen: Sie erhalten Unterstützung durch Experten, die ihnen helfen, im Betriebsablauf den Energie- und Wasserverbrauch sowie die Abfallmenge zu senken. Ziel ist es, Geld einzusparen, und zwar nicht beim Personal, sondern beim Ressourcenverbrauch. Die Tonne Öl soll arbeitslos werden, nicht der Mensch! Allein in Nordrhein-Westfalen haben sich inzwischen über 2.000 Akteure an „Ökoprofit" beteiligt, unter anderem die Evangelische Kirche von Westfalen. Ein Zusatzeffekt besteht darin, dass viele Beschäftigten beginnen, auch im eigenen Haushalt Einsparideen zu verwirklichen, die sie durch das Programm im Betrieb kennengelernt haben.

Ähnlich funktioniert „Fifty-Fifty" (50:50) für Schulen: Landesregierungen unterstützen Schulen durch Beratungsprogramme, Energie, Wasser und Abfall einzusparen. Von den dadurch eingesparten Nebenkosten verbleibt die Hälfte bei den Schulen. Auch hier gilt zudem: Was Schüler in der Schule lernen, können sie in ihre Familien tragen und auch dort umsetzen.

Umweltbildung für junge Menschen ist erfolgversprechend, weil es diesen viel leichter fällt, Gewohnheiten zu ändern. So hat für viele Jugendliche und junge Erwachsene das Auto seinen hohen Status verloren. Es ist wichtig, mobil zu sein und schnell von A nach B zu kommen. Ob dafür das Auto, die Bahn, der ÖPNV, das Fahrrad oder eine Kombination von Verkehrsmitteln verwendet wird, ist weniger wichtig als Bequemlichkeit, Geschwindigkeit und Preis. Ähnlich verhält es sich mit den Essgewohnheiten. Hat für die ältere Generation das Stück Fleisch noch einen besonderen Wert, ist der Anteil an Vegetariern unter jungen Menschen inzwischen hoch und wächst rasch weiter.

EINE BEWEGUNG VON UNTEN IST WICHTIG FÜR DIE DURCHSETZUNG DES KLIMASCHUTZES

Schwung in die Debatte haben zum einen die zunehmenden Wetterextreme gebracht, die zwar von den Forschern vorhergesagt wurden, aber nun weltweit in einer Heftigkeit stattfinden, die selbst Experten überrascht.

Zum anderen sind es die jungen Menschen, die sich in der Fridays-for-Future-Bewegung engagieren, allen voran die streikenden Schülerinnen und Schüler. Sie haben erkannt: Es geht um ihre Zukunft! Gesellschaftliche Veränderungen sind in unserer Geschichte immer wieder durch Bewegung von unten durchgesetzt worden. Ging es früher um Freiheitsrechte oder Frieden, so erkennen junge Menschen heute im Klimawandel die größte Gefährdung ihrer künftigen Lebenschancen. Sie wollen zu Recht nicht akzeptieren, dass ihnen die umweltschädigende Wirtschaftsweise ihrer Eltern und Großeltern die Zukunft raubt. Ich kann das sehr gut verstehen! Persönlich denke ich noch über Deutschland hinaus und engagiere mich als Energiebeauftragte des Bundesministeriums für wirtschaftliche Entwicklung und Zusammenarbeit, möglichst viele afrikanische Länder davon zu überzeugen, in erneuerbare Energien zu investieren und das Kohlezeitalter zu überspringen. Ein afrikanisches Sprichwort sagt: „Wenn viele kleine Leute, an vielen kleinen Orten, viele kleine Dinge tun, können sie das Gesicht der Welt verändern". Daran halte ich mich. Es gibt viel zu tun! Packen wir es also gemeinsam an!

Heinrich Bedford-Strohm

Freiheit zur Begrenzung

VERANTWORTUNG DER KIRCHE FÜR DEN KLIMASCHUTZ UND DIE NACHHALTIGKEIT

GLOBALE HERAUSFORDERUNGEN

Die Frage der Nachhaltigkeit gehört zu den großen Überlebensfragen der Gegenwart. Es geht nämlich im Kern um die Frage, wie die Grundbedürfnisse aller Menschen der Gegenwart sowie der zukünftigen Generationen befriedigt werden können, ohne die natürlichen Lebensgrundlagen zu gefährden und die planetarischen Grenzen zu verletzen.

Angesichts der Tatsache, dass immer noch über 800 Millionen Menschen von Hunger bedroht sind und jeden Tag über 20.000 Menschen an Hunger sterben, sind wir von Befriedigung der Grundbedürfnisse aller Menschen noch weit entfernt. Der Klimawandel schreitet voran und verschärft die Kluft zwischen Armut und Reichtum, denn seine Folgen treffen die am meisten, die am wenigsten dazu beigetragen haben und sich auch am wenigsten schützen können. Angesichts der Überschreitung der planetarischen Grenzen in vielen Bereichen – insbesondere durch den menschengemachten Klimawandel – sind Menschen in allen Erdteilen mittel- und langfristig betroffen.

Heinrich Bedford-Strohm (geboren 1960 in Memmingen als Heinrich Strohm) ist ein deutscher evangelisch-lutherischer Theologe mit dem Schwerpunkt Sozialethik. Seit dem 30. Oktober 2011 ist er Landesbischof der Evangelisch-Lutherischen Kirche in Bayern und seit dem 11. November 2014 Ratsvorsitzender der Evangelischen Kirche in Deutschland.

Das fordert uns auch als Kirchen heraus, geht es doch um die Zerstörung der Schöpfung Gottes und die Verletzung der Grundbedürfnisse vieler Menschen, die nach dem biblischen Zeugnis Ebenbilder und Kinder Gottes sind.

Die Auseinandersetzung mit den Fragen von Klimaschutz und einer nachhaltigen Entwicklung ist für die evangelische Kirche nicht neu. Schon in den 70er Jahren hat etwa der Ökumenische Rat der Kirchen, herausgefordert durch den Bericht des Club of Rome, eine „verantwortliche und nachhaltige Gesellschaft" gefordert. Die Kirchen im Ökumenischen Rat der Kirchen (ÖRK) haben also lange vor den Vereinten Nationen (UN) die Nachhaltigkeit auf die globale politische Agenda gesetzt!

Viel Rückenwind hat der Nachhaltigkeitsdiskurs durch die globalen UN-Konferenzen für Umwelt und Entwicklung in den 90er Jahren und schließlich durch die Nachhaltigkeitsziele der UN bekommen, die 2015 in New York von über 190 Staaten verabschiedet wurden. Für 17 Politikfelder wurden hier weitreichende Ziele definiert, die bis 2030 erreicht sein sollen. Diese Nachhaltigkeitsziele stellen gegenüber den Millenniumsentwicklungszielen einen Fortschritt dar, weil sie weitgehender und radikaler sind, mehr Themenbereiche umfassen – darunter insbesondere ökologische Fragen – und weil sie alle Länder in die Pflicht nehmen, Deutschland eingeschlossen. Sie sind deshalb, auch wenn sie einige Widersprüche in sich tragen, für die Kirchen eine wichtige Referenzgröße.

„STARKE NACHHALTIGKEIT"

Auch der Rat der Evangelischen Kirche in Deutschland (EKD) und die Kammer für nachhaltige Entwicklung der EKD haben sich bereits mehrfach zu Fragen des Klimaschutzes und der Nachhaltigkeit geäußert. Was verstehen sie unter „nachhaltige Entwicklung"? Im Gegen-

Heinrich Bedford-Strohm

DREI FRAGEN AN HEINRICH BEDFORD-STROHM

Wie sind Sie persönlich mit dem Thema Klimawandel in Berührung gekommen und was waren prägende Erlebnisse?

Am meisten konkrete Berührung mit dem Klimawandel habe ich beim Besuch unserer Partnerkirchen. Ich habe gerade die lutherische Kirche in Neuguinea besucht. In einem Dorf an der Küste hat ein älterer Mann auf einen Pfahl 20 Meter im Ozean gezeigt und gesagt: „Der war, als ich jung war, an Land. Einige Inseln im Pazifik vor Neuguinea beginnen schon, im Meer zu versinken. Die Umsiedelungen haben schon begonnen."

Mit Fridays for Future protestieren Schülerinnen und Schüler gegen drohendes Politikversagen im Kampf gegen den Klimawandel. Sie haben große Sorge, um ihre Zukunft gebracht zu werden. Muss uns das nicht dazu aufrütteln, entschiedener zu handeln?

Ich finde es toll, dass die Schülerinnen und Schüler jetzt aktiv werden. Ich stelle überhaupt fest, dass das Thema Klimawandel bei jungen Leuten sehr im Bewusstsein ist. Sie würden die Konsequenzen jetziger Versäumnisse in ihrer eigenen Lebenszeit sehr deutlich erleben. Das ist nicht fair. Deswegen müssen wir jetzt entschieden handeln.

Was haben Sie sich vorgenommen, um Ihren eigenen „ökologischen Fußabdruck" zu verringern und klimaneutral zu leben?

Ich fahre meine Wege in München fast immer mit dem Fahrrad. Und auch in Berlin habe ich jetzt ein Dienstfahrrad. Natürlich kompensieren wir als Kirche jeden nicht vermeidbaren Flug bei www.klimakollekte.de, das mache ich auch privat schon seit Langem. Auch auf maßvollen Fleischkonsum achte ich. Das größte Problem für mich ist die internationale Mobilität, die zum einen mit meinem Amt in einer Kirche verbunden ist, die sich mit guten Gründen als Weltkirche versteht, die aber zum anderen bei meiner deutsch-amerikanischen Familie auch eine persönliche Komponente hat. Die Kompensation der CO_2-Emissionen ist zwar jetzt wirksam, aber keine Dauerlösung. Da lebe ich mit Widersprüchen.

---

satz zu einer rein nachholenden Entwicklung, die sich primär am Wirtschaftswachstum orientiert, geht es bei der nachhaltigen Entwicklung um eine global sozialverträgliche, ökologisch verträgliche und zukunftsfähige Entwicklung.

Zusammen mit anderen Akteuren vertritt die EKD das Konzept der sogenannten „starken Nachhaltigkeit", das die

Einhaltung der planetarischen Grenzen als eine Priorität versteht, als einen Rahmen, innerhalb dessen Wirtschaft und Politik agieren müssen (Geliehen ist der Stern auf dem wir leben – Die Agenda 2030 als Herausforderung für die Kirchen, 2018, EKD Text 130, S. 23).

Da der Ressourcenverbrauch, insbesondere der CO_2-Ausstoß, in den Industrieländern um ein Vielfaches höher ist als in den Entwicklungsländern und deshalb die Lebensrechte der Menschen anderer Länder massiv einschränkt, sind vor allem die Industrieländer und die Eliten in den Entwicklungsländern dringend zum Umsteuern in Politik und Gesellschaft herausgefordert. Auch Deutschland ist gemessen an den Nachhaltigkeitszielen ein „Entwicklungsland", das heißt ein Land, das sich um mehr Klimaschutz und um eine nachhaltigere Entwicklung bemühen muss.

Insbesondere die Beschlüsse der Pariser Weltklimakonferenz von 2015 zur Begrenzung der Erderwärmung auf maximal zwei Grad über dem vorindustriellen Niveau sind hier zu nennen. Diese Beschlüsse führten in Deutschland zwar zur Verabschiedung ehrgeiziger Ziele für die Reduktion der CO_2-Emissionen, deren Umsetzung lässt indessen sehr zu wünschen übrig. Die Klimaziele für 2020 können aller Voraussicht nach nicht mehr erreicht werden.

ETHIK DES GENUG

- Wie eine sozial- und umweltverträgliche Lebens- und Wirtschaftsweise genau aussieht, darüber gibt es in Politik, Gesellschaft und auch in den Kirchen unterschiedliche Positionen, um die gerungen wird. Eine Kernfrage in diesen Diskursen ist die Frage, ob es zur Erreichung der Nachhaltigkeitsziele weiterhin ein wirtschaftliches Wachstum braucht oder nicht.

- Die Agenda 2030 fordert im Ziel 8 ein „nachhaltiges Wachstum". Andere, wie beispielsweise Mitglieder des Club of Rome, mahnen, dass sich viele der Nachhaltigkeitsziele – vor allem die Ziele zum Klimaschutz und Erhalt der Biodiversität – nicht erreichen lassen, wenn weiter den bisherigen wachstumsorientierten Pfaden gefolgt wird.

- Auch die evangelische Kirche tritt seit Längerem für eine „Ethik des Genug" ein und ruft zum Nachdenken darüber auf, wie ein gutes Leben auch ohne mehr Wachstum und mit weniger Konsum und Verbrauch aussehen kann (EKD Text 130, S. 25). Viele verstehen die Klimakrise auch als eine spirituelle Krise, als Ausdruck dafür, dass das Wachstumsmodell an sein Ende gekommen ist und die bisherigen politischen Lösungen allein für die Bewältigung der globalen Herausforderungen nicht reichen werden, sondern wir ein komplettes Umdenken brauchen und uns auf neue Leitbilder verständigen müssen.

- Nicht Wachstum um jeden Preis, sondern Anerkennung unserer Grenzen, ja sogar die Bereitschaft zum Weniger, zum Verzicht, zur Begrenzung sei das Gebot der Stunde. Eine solche „Ethik des Genug" muss nicht mit einer Verschlechterung von Lebensqualität einhergehen. Vielmehr geht es darum, sich vom Diktat des immer mehr, immer schneller und immer effizienter zu befreien und sich wieder neu der Frage zu stellen, was wirklich wichtig im Leben ist und was das Leben trägt.

KLIMASCHUTZ IN DEN KIRCHEN – EINE FRAGE DER GLAUBWÜRDIGKEIT

Niemand hat für die großen anstehenden Transformationen die alles umfassende und alleingültige Lösung – auch die Kirche nicht. Diese Transformationen erfordern ganz neue Leitbilder und Konzepte, die noch gefunden werden müssen. Sie sind eher eine Suchbewegung als ein fertiges Lösungskonzept. An dieser Suchbewegung muss sich die Kirche beteiligen. Sie kann dabei Räume anbieten, in denen offene und faire Diskurse verschiedener gesellschaftlicher Akteure über bestehende Zielkonflikte stattfinden.

Die Botschaft der Kirche wird nur überzeugen, wenn sie selbst Vorbild ist für eine nachhaltige Lebensweise. Achtsamer und bewahrender Umgang mit der Schöpfung, Solidarität mit den Armen, Einsatz für ihre Lebensrechte, Teilhabe und umfassende Partizipation müssen Vorrang haben vor Gewinnmaximierung und Wirtschaftlichkeit. Das bedeutet konkret: Vorrang für nachhaltige Mobilität, nachhaltige Energienutzung, nachhaltige Beschaffung und nachhaltige Geldanlagen.

Dazu gibt es Gott sei Dank schon eine ganze Reihe ermutigender Beispiele und Initiativen. So haben inzwischen die große Mehrzahl der Landeskirchen Klimaschutzkonzepte verabschiedet, welche bereits messbare CO_2-Einsparungen erzielen konnten. Die EKD Synode hat bereits 2009 die für die Bundesregierung verabschiedeten Klimaschutzziele auch für sich selbst übernommen. Das erste Ziel – nämlich die Einsparung von 25 Prozent der Emissionen bis 2015 – konnte dank kirchlicher Klimaschutzkonzepte bereits erreicht werden. Andere Maßnahmen zum Klimaschutz in den Kirchen sind Einkaufsplattformen und Beschaffungsordnungen für eine ökologisch-faire Beschaffung, nachhaltige Kriterien für die Verpachtung von Kirchenland, Richtlinien für ethische Geldanlagen, ökologisch-faire Verpflegung in kirchlichen Kantinen und Tagungshäusern.

Aber auch im Bereich Bildung und Spiritualität greifen die Kirchen Fragen des Klimaschutzes und der Nachhaltigkeit umfassend auf – durch Bildung für nachhaltige Entwicklung, Klimapilgerwege, Gottesdienste und Andachten für Klimagerechtigkeit, Gemeindekonzepte von „anders wachsen"-Gemeinden etc. Dies alles gilt es weiterzuentwickeln und in alle Ebenen kirchlichen Lebens hineinzutragen. Nachhaltigkeit muss dabei in allen kirchlichen Einrichtungen ein Querschnittsthema werden.

Die Ethik des Genug, die die Kirche fordert, muss sie selbst vorleben. Dass ein Leben jenseits des immer mehr und immer schneller mehr Lebensqualität hat, muss sie selbst in ihrem Leben und in ihrer Haltung zeigen.

ZUVERSICHT AUS DEM GLAUBEN UND FREIHEIT ZUR BEGRENZUNG

Der Beitrag der evangelischen Kirche zu den anstehenden Transformationen besteht vor allem darin, angesichts der

Größe der Herausforderung dennoch zu einer Perspektive der Hoffnung und zum verantwortlichen Handeln zu ermutigen. Vielen Menschen fehlt der Glaube, dass man angesichts der vielfältigen und komplexen globalen Probleme etwas zum Besseren verändern kann.

Der christliche Glaube kann dafür die nötige Zuversicht und Gelassenheit geben, denn gegen alle Bedrohungen des Lebens vertraut er auf den Gott, der das Leben geschaffen hat und es erhalten will. Zugleich bewahrt Christen der Glaube an Gott davor, sich selbst zu überfordern. Nicht wir müssen die Welt retten, sondern Gott selbst ist in seinem Sohn schon zu uns gekommen, um seine Schöpfung zu heilen und zu erlösen. Das ist Gottes Mission, an der wir als Christen und Christinnen teilnehmen dürfen, für die Gott uns in seinen Dienst nimmt.

Als evangelische Christen leben wir aus der Zusage der Liebe Gottes, die uns befreit. Freiheit und Befreiung – das sind unsere Themen als Christen. Nicht eine Freiheit, die als ein Leben mit unbegrenzten Möglichkeiten missverstanden wird, sondern eine Freiheit, die sich in der Verantwortung bewährt, eine Freiheit, die sich selbst um anderer willen begrenzen kann.

Das Freiheitsverständnis Luthers ist bekanntermaßen ein doppeltes: Es befreit von menschlichen Zwängen und menschlicher Herrschaft und macht sich zugleich zum Diener anderer. Es ist die Freiheit, sich in den Dienst eines anderen zu stellen, sich begrenzen zu können, ein Genug zu akzeptieren. Wer aus Gott lebt, hat alles, was er zum Leben braucht. Er muss deshalb das fatale Streben nach immer mehr nicht mitmachen. Ich bin reich beschenkt und kann deshalb aus dieser Fülle weiterschenken – das ist die Grunddynamik christlichen Lebens.

Sich in diese Grunddynamik immer wieder einzuüben, sich von Gott beschenken lassen und aus dieser Fülle weiterzugeben, das ist aus evangelischer Perspektive der verheißungsvolle Anfang der notwendigen anstehenden sozial-ökologischen Transformation.

Interview mit Jan Christensen,
Ulrike Eder und Judith Meyer-Kahrs

Klima-neutralität und ein gutes Leben für alle sind möglich

**DIE NORDKIRCHE ZEIGT
MIT IHREM KLIMASCHUTZGESETZ UND VIELEN
KREATIVEN IDEEN, WIE ES GEHEN KANN**

Die Nordkirche hat sich das ambitionierte Ziel gesetzt, bis 2050 kohlendioxidfrei zu werden. Was bedeutet das konkret und wie ist es zu diesem Beschluss gekommen?

Jan Christensen: Im Jahr 2010 haben wir die Universität Flensburg damit beauftragt, uns ein Klimaschutzkonzept zu erarbeiten. Nach zwei Jahren war es fertiggestellt und hat aufgezeigt, dass es möglich ist, 99 Prozent unserer CO_2-Emissionen einzusparen. Das letzte Prozent müsste dann kompensiert werden. Die Kirchenleitung hat sich das Konzept zu eigen gemacht und unsere Synode hat einen Ausschuss gebildet mit vielen Untergruppen zu Themen wie Gebäude, Mobilität, Beschaffung, Bildung und Finanzen. Am Ende eines intensiven einjährigen Diskussionsprozesses gingen hieraus Klima-Eckpunkte hervor. Diese hat das Kirchenamt schließlich in die juristische Form eines Klimaschutzgesetzes gebracht hat, das Ende 2015 beschlossen worden und Anfang 2016 in Kraft getreten ist. Am Anfang haben schon viele Leute die Stirn gerunzelt, und einige haben uns vielleicht sogar für verrückt gehalten. Aber mittlerweile wird das Ziel der CO_2-Neutralität nicht mehr hinterfragt und andere Kirchen haben sich ähnliches vorgenommen.

Pastor Jan Christensen (geboren 1958 in Kiel) wurde nach dem Abitur Bankkaufmann und gründete den Weltladen in Kiel. Es folgte das Theologiestudium in Kiel, Heidelberg, Amsterdam und Hamburg. Nach dem Vikariat ging er 1991 als Gemeindepastor nach Groningen in den Niederlanden. Danach war er Referent für Kirchlichen Weltdienst mit den Schwerpunkten erneuerbare Energie in der Entwicklungszusammenarbeit, Entschuldung der Länder des globalen Südens und fairer Handel. Seit 2007 ist er Klimaschutzbeauftragter und seit 2009 Geschäftsführer der Kampagne Kirche für Klima. Seit 2013 ist er der Umweltbeauftragte der Nordkirche.

Aber was hat die Nordkirche dazu motiviert, diese Vorreiterrolle einzunehmen?

Jan Christensen: Zum einen ist unser Klimaschutzkonzept nicht vom Himmel gefallen: Schon 2001 hat bei uns der erste Kirchenkreis ein systematisches Energie-Management aufgebaut. Bald gab es die ersten kirchlichen Klimaschutzmanager, 2005 wurde die Infostelle Klimagerechtigkeit gestartet und 2010 unsere Kampagne „Kirche für Klima" ins Leben gerufen, um beide Aspekte, Klimaschutz und Klimagerechtigkeit, in alle Bereiche kirchlichen Lebens zu tragen: Ausstellungen, Publikationen, Konfirmandenarbeit, Gottesdienste und vieles mehr. Zum anderen gab es in unserer Kirchenleitung eine ganze Reihe von Personen, die dieses Engagement für sehr wichtig gehalten haben. Um nur ein Beispiel zu nennen: Der damalige Landesbischof Gerhard Ulrich etwa hat 2009 am Weltklimagipfel in Kopenhagen teilgenommen. Und vielleicht ist es auch so eine norddeutsche Besonderheit, dass man hier die Energiewende ein bisschen positiver sieht als in anderen Regionen, und sich viele Menschen in Bürgerwindparks engagieren.

Was hat die Nordkirche bei der Umsetzung bereits erreicht?
Jan Christensen: Sehr positiv ist, dass wir inzwischen Klimaschutzmanager in zehn von dreizehn Kirchenkreisen haben. Damit tragen wir den Klimaschutz in die Breite. Dazu haben wir die Infostelle Klimagerechtigkeit, das Jugendpfarramt mit „KlimaSail" (ein Jugendsegeln für den Klimaschutz), wir haben die sogenannten Schöpfungswochen für Kitas, die auf Grundschulen, Kindergottesdienste und die Pfadfinder ausgeweitet werden sollen, und vieles, vieles mehr. Unsere Verwaltungsangestellten und unsere Küster werden darin ausgebildet, das Klima-

schutzgesetz anzuwenden, die Reisekostenverordnung ist unter Klimaschutzgesichtspunkten neu geregelt worden, und ebenso unser Beschaffungswesen. Hinzu kommen energetische Gebäudesanierungen und die Umstellung auf erneuerbare Energien bei der Elektrizitätsversorgung. Das alles zeigt Wirkung: Schon 2015 – also bevor das Klimaschutzgesetz überhaupt in Kraft getreten war – hatten wir 28 Prozent unserer CO_2-Emissionen gegenüber 2005 eingespart. Damit haben wir unser erstes Zwischenziel von 25 Prozent sogar übertroffen. Unser Klimaschutzgesetz beinhaltet einen Aktionsplan, der immer für sechs Jahre festgelegt wird. Im Augenblick läuft der Aktionsplan für die Jahre 2016 bis 2021. Dessen Zwischenergebnisse werden wir 2020 intensiv auswerten. Bis dahin werden auch aktuelle Emissionsdaten aus allen Kirchenkreisen und Gemeinden vorliegen. Dann muss die Synode einen neuen Aktionsplan für die Jahre 2022 bis 2028 erstellen. Ich bin mir ziemlich sicher, dass wir relativ gut dastehen, weil die Aktivitäten doch sehr vielfältig sind und zum Beispiel fast alle Kirchenkreise Gebäudenutzungspläne aufgestellt haben. Dabei hilft uns natürlich sehr, dass sich Klimaschutz auch finanziell lohnt.

„Schon 2015 hatten wir 28 Prozent CO_2 gegenüber 2005 eingespart"

Jan Christensen

Wie gelingt es, das kirchliche Beschaffungswesen klimafreundlich zu gestalten?
Judith Meyer-Kahrs: Das Klimaschutzgesetz hat uns Kriterien an die Hand gegeben, unsere Beschaffungsrichtlinie

unter Nachhaltigkeitskriterien neu zu regeln. Das heißt konkret, dass bei geplanten Neuanschaffungen nicht nur auf die Wirtschaftlichkeit geachtet wird. Zunächst wird unter dem Gesichtspunkt der Suffizienz geprüft, ob eine Anschaffung überhaupt erforderlich ist. Anstelle vieler Einzeldrucker kann etwa die gemeinsame Nutzung eines Druckers durch mehrere Nutzer eine bessere Alternative sein. Wenn eine Neuanschaffung erforderlich ist, wird auf energetische Effizienz, die Langlebigkeit und Reperaturfreundlichkeit von Produkten, aber auch auf soziale Kriterien geachtet. Dafür haben wir einen detaillierten Kriterienkatalog entwickelt. In naher Zukunft sollen alle erforderlichen Informationen über ein Online-Portal zur Verfügung gestellt werden. So haben wir zum Beispiel verschiedene Produkt-Labels wie etwa den Blauen Engel angeschaut und geben Hilfestellungen, welche dieser Labels beim Kauf bestimmter Produkte berücksichtigt werden sollten.

Judith Meyer-Kahrs (geboren 1979 in Hamburg) arbeitete nach dem Abitur und Studium in Zimbabwe, Jamaika und Tansania. Als Diplom-Ingenieurin ist sie seit 2005 als Referentin in der Infostelle Klimagerechtigkeit des Zentrums für Mission und Ökumene der Nordkirche tätig. Sie berät weltweit Partnerorganisationen zur Entwicklung von Klimaschutz- und Kompensationsprojekten, setzt das hausinterne Umweltmanagement um und begleitet Kirchengemeinden auf ihrem Weg zur Öko-fairen Gemeinde. Außerdem berät sie bei der Umsetzung klimafreundlicher Veranstaltungen, entwickelt Leitlinien zum nachhaltigen Einkauf und vertritt das Zentrum für Mission und Ökumene in der Klima-Kollekte gGmbH und im Ökumenischen Netzwerk Klimagerechtigkeit.

Und was hat es mit der neuen Reiseverordnung auf sich?
Jan Christensen: Diese regelt zum Beispiel, dass Flüge innerhalb von Deutschland nur noch unter sehr strikten Ausnahmeregeln genehmigt werden. Aber grundsätzlich steht hier das Vermeiden

von Mobilität im Vordergrund. So schaffen immer mehr Kirchenkreise die Möglichkeiten für Videokonferenzen. Unsere Kirche erstreckt sich ja von der polnischen bis zur dänischen Grenze, beziehungsweise sogar zum Teil über die dänische Grenze hinaus, denn wir haben auch deutschsprachige Gemeinden in Dänemark. Wenn wir da zu Gremiensitzungen Kollegen, die ansonsten aus Rostock nach Flensburg anreisen müssten, einfach dazuschalten können per Videokonferenz, dann spart das Arbeitszeit, Nerven, Kosten und natürlich Emissionen. Das Kirchenamt macht das schon sehr intensiv. Andere Beispiele sind die Wiedereinführung der Fahrradförderung, Netzkarten für Bahn und ÖPNV und die Anschaffung von Elektroautos als Dienstwagen.

Eben wurde „Klima-Sail" erwähnt. Was verbirgt sich dahinter?

Jan Christensen: Klima-Segeln ist eine Jugendaktion. Junge Menschen segeln mit einem Windjammer auf die Ostsee und machen ein Programm zum Thema Klimaschutz und Klimagerechtigkeit. Zum Beispiel untersuchen sie dabei die Folgen des Klimawandels auf die Ostsee. Oder sie berechnen während dieser Fahrt ihre eigenen Emissionen. Das prägt. Viele der Teilnehmenden engagieren sich später für Klimaschutz und Klimagerechtigkeit. Neben der Kirchenjugend richtet sich dieses sehr erfolgreiche Programm auch an Schulklassen, an junge Menschen mit Lernschwächen oder an Auszubildende. Es gibt aber auch einen Kurs für Erwachsene, den sogenannten Multiplikatoren-Törn. Das sind dann jeweils zur Hälfte Studierende der Nachhaltigkeit und Umweltpädagogen oder Klimaschutzmanager. Dabei stellt dann jeder noch ein Projekt aus seinem Alltag vor.

Dann haben Sie sogenannte Schöpfungswochen in Kindergärten erwähnt. Was meinen Sie damit?

Jan Christensen: In den kirchlichen Kindergärten und Kitas der Nordkirche gibt es die Erd-Woche, die Sonnen-Woche, die Wasser-Woche und die Luft-Woche. Die werden alle zwei Jahre durchgeführt mit einem großen Fortbildungsprogramm für die Erziehenden inklusive Materialordner. Diese Ordner gehen an 900 Kindergärten. Dabei wird der Klimawandel so vermittelt, dass Kindergärten damit arbeiten können. Das ist immer ein Riesenspaß. Initiiert wurden die Schöpfungswochen vor eineinhalb Jahrzehnten vom ehemaligen Kirchenkreis Stormarn, jetzt Hamburg Ost. Im Rahmen unserer Klimakampagne haben wir das 2010 bis 2013 auf die ganze Nordkirche ausgeweitet. Inzwischen erreichen uns auch Anfragen aus anderen Landeskirchen und sogar aus dem Ausland.

Die Nordkirche unterhält eine eigene Infostelle Klimagerechtigkeit. Was kann man sich darunter vorstellen?

Ulrike Eder: Klimagerechtigkeit bedeutet, dass jedem Menschen auf der Erde gleiche Nutzungsrechte an der Atmosphäre zugestanden werden. Die Belastung der Atmosphäre und die Nutzung der Ressourcen müssen so begrenzt werden, dass sie sich innerhalb der planetaren Grenzen bewegen. Für uns hat Klimagerechtigkeit verschiedene Ebenen: Klimagerechtigkeit zwischen Nord und Süd, zwischen den heutigen und künftigen Generationen, aber auch Gerechtigkeit gegenüber unserer Mitwelt. Für die internationalen Klimaverhandlungen bedeutet das, dass alle Länder eine gemeinsame Verantwortung tragen, aber diese differenziert werden muss nach dem Verursacherprinzip, und zwar unter Berücksichtigung historischer Emissionen. Wenn wir als Kirche von Klimagerechtigkeit reden, dann versuchen wir damit immer auch, die Stimmen der Menschen aus dem Globalen Süden hörbar zu machen. Ich selbst bin in unserer Infostelle Klimagerechtigkeit zuständig für Bildung, das heißt ich gehe in Schulen und Konfirmandengruppen, mache Lehrerfortbildungen und so weiter. Dabei zeige ich auf, welche Auswirkungen auf Mensch und Natur der Klimawandel in vielen Ländern bereits hat. Und ich erkläre, welche Gerechtigkeitsfragen sich daraus ergeben, also dass diejenigen, die darunter am meisten leiden, am wenigsten Emissionen verursacht haben. So versuche ich dazu beizutragen, dass sich unser aller Tun mehr auf Klimagerechtigkeit ausrichtet.

Ulrike Eder (geboren 1973) ist Diplom-Biologin und arbeitet seit 2002 als Referentin für entwicklungspolitische Bildungsarbeit. Zunächst zum Thema Biologische Vielfalt, Ernährungssicherheit und „Biopiraterie" durch Patente auf Leben bei der „Agrar Koordination" in Hamburg. Seit 2007 ist sie Bildungsreferentin in der Infostelle Klimagerechtigkeit des Zentrums für Mission und Ökumene der Nordkirche. Sie erstellt Bildungsmaterialien wie zum Beispiel Methodenmappen oder Klimaspiele. Diese und andere Materialien zum Thema Klimagerechtigkeit finden sich in der von ihr entwickelten Klimamediathek (www.klimamediathek.de).

Hilft die Zusammenarbeit mit Partnern aus Entwicklungsländern, um in Deutschland das Verständnis für die Notwendigkeit von Klimaschutz zu schärfen?

Judith Meyer-Kahrs: Auf jeden Fall! Ich habe auch das Gefühl, dass sich durch diese Zusammenarbeit unsere Arbeit verändert hat. Denn unsere Partner sind ja nicht nur Opfer des Klimawandels – wenn sie zum Beispiel in Internaten in Tansania das Schuljahr verkürzen müssen, weil aufgrund einer Dürre die Ernährung der Schulkinder nicht mehr gewährleistet werden kann –, sondern eben Partner, die uns auf Augenhöhe begegnen mit ihren politischen Forderungen. Diese fließen dann in unsere Bildungsarbeit zu Klimagerechtigkeit ein. Mit anderen Worten: Wir als Kirche werden dazu veranlasst, uns stets aufs Neue zu hinterfragen und glaubwürdig zu sein. Das hat dazu geführt, dass wir politischer geworden sind und zum Beispiel hier in Hamburg gemeinsam mit anderen die Volksinitiative „Tschüss Kohle" ins Leben gerufen haben.

> **„Wir hinterfragen uns stets aufs Neue und sind politischer geworden"**
>
> Judith Meyer-Kahrs

Ist das Interesse von Jugendlichen am Klimawandel durch Fridays for Future gewachsen?

Ulrike Eder: Absolut. Greta Thunberg hat uns gezeigt, dass Klimawandel niemanden zur Ohnmacht verdammt und welch eine globale Bewegung eine Sechzehnjährige auslösen kann. Das ist sehr ermutigend. Es gibt für den Klimawandel viele Lösungsansätze und mir gefällt an Fridays for Future, dass sie genau darauf hinweisen und dieses komplexe Thema handhabbar machen. Ich erlebe auch, wie sehr sich viele Jugendliche mit dem Thema auseinandersetzen und wie gut sie Bescheid wissen.

Immer mehr Menschen, Unternehmen und Institutionen möchten ihren Beitrag zum Klimaschutz leisten. Aber wie kommt man vom guten Vorsatz zum praktischen Handeln? Welchen Rat können Sie geben?
Jan Christensen: Immer mehr Gemeinden bieten unentgeltlich Beratung an. Allein in Schleswig-Holstein dürften inzwischen 60 bis 70 Kommunen Klimaschutzmanager haben, Tendenz weiter steigend. An kommunale Klimaschutzmanager oder Energieberater kann man sich vor Ort wenden. Wenn es um die Anschaffung von neuen Geräten und Produkten des täglichen Bedarfs wie etwa Papier geht, kann man mal das neue Online-Portal besuchen, das die Nordkirche bald freischalten wird. Da kann sich jeder informieren. Kleine und große Unternehmen können darüber hinaus ein Umweltmanagementsystem einführen und sich zertifizieren lassen. Diakonische Einrichtungen, die uns auch schon gefragt haben, wie wir das machen mit dem Klimaschutz, können von uns einen Leitfaden und eine Checkliste bekommen.

Bis zur Klima- oder Treibhausgasneutralität ist es noch ein langer Weg. Wie bange ist es euch beim Blick in die Zukunft?
Jan Christensen: Ich bin entspannt. Man darf diesen Weg nicht missverstehen in dem Sinne, dass wir heute schon genau wissen müssen, was in zwanzig Jahren notwendig ist auf unserem Weg in die Klimaneutralität. Wir können heute noch gar nicht vorhersagen, welche Möglichkeiten es dann geben wird und wie die genauen Umstände sein werden. Das Entscheidende ist, unser Ziel immer vor

Augen zu haben, dass wir heute mit dem anfangen, was möglich ist, flexibel bleiben und mit Zuversicht in die Zukunft blicken. Sicher wird es im Laufe der Jahre auch mal Krisen geben, in denen wir unseren Zwischenzielen hinterherhinken und uns dann umso stärker werden anstrengen müssen. Das wird alles kommen. Vor allem empfehle ich, Klimaschutz bereits heute mit langfristiger Perspektive zu betreiben, denn viele unserer Investitionen sind ja auch langfristiger Art.

Was muss passieren, damit wir in den nächsten zehn Jahren tatsächlich einen ganz großen Schritt nach vorne machen in Sachen Klimaschutz, nicht nur als Kirche, sondern als Gesellschaft?

Judith Meyer-Kahrs: Den Schalter umlegen vom Wissen zum Handeln! Wir haben doch alle Grundlagen an der Hand. Jetzt müssen wir das einfach umsetzen, ohne all das Wenn und Aber.

Ulrike Eder: Wir brauchen einen Wertewandel, müssen unseren Lebensstil entrümpeln und dazu kommen, gerne sagen zu können: „Wir führen dann ein gutes Leben, wenn es allen Menschen auf der Erde gut geht". Das bedeutet auch, dass wir zu einer Klimapolitik finden, die radikal in dem Sinne ist, dass es gelingt, diese Erde lebenswert zu erhalten.

Jan Christensen: Da kann ich sehr gut anschließen. Wir brauchen einen Rahmen für unser Leben, der klimafreundliches Verhalten fördert und nicht die

> „Wir führen dann ein gutes Leben, wenn es allen Menschen auf der Erde gut geht"
>
> Ulrike Eder

Zerstörung unseres Klimas. Und wir brauchen dieses positive Lebensgefühl, das ich oft bei den Jugendlichen antreffe, die beim Klima-Segeln mitmachen, oder bei vielen Kindern während der Schöpfungswochen: Da schwingt neben der Wertschätzung einer intakten Natur auch eine Wertschätzung den Mitmenschen gegenüber mit, und die Achtung davor, dass Menschen sich Zeit nehmen füreinander. Wir müssen besser erkennen, was Glück ausmacht und was das Schöne im Leben ist.

Warum wir die globalen Emissionen halbieren müssen

Professor Rockström, was sind die größten Risiken des Klimawandels?

Johan Rockström: Ich möchte zwei Kategorien unterscheiden. Bei der ersten Kategorie handelt es sich um das, worüber wir immer sprechen – die Folgen des Klimawandels für menschliche Gesellschaften. Das zweite Risiko besteht darin, dass wir den gesamten Planeten destabilisieren.

In der ersten Risikokategorie verfügen wir heute über eindeutige wissenschaftliche Belege. Wir beobachten eine zunehmende Häufung und höhere Intensität extremer Wetterereignisse, das heißt von Dürren, Waldbränden, Hochwassern und tropischen Wirbelstürmen. Solche Extremereignisse sind zwar Teil der natürlichen Variabilität des Wettergeschehens, treten aber aufgrund des menschgemachten Klimawandels häufiger und intensiver auf. Diese Veränderungen kommen schneller, als es die Wissenschaft erwartet hat, und sie treffen uns härter. Bislang haben wir es mit einem Grad Celsius globaler Erwärmung seit der vorindustriellen Zeit zu tun – überwiegend verursacht durch die Verbrennung fossiler Energieträger, durch Änderungen in der Landnutzung und durch unseren gesamten industriellen Metabolismus.

Johan Rockström (geboren 1965) ist Direktor des Potsdam-Instituts für Klimafolgenforschung (PIK) und Professor für Erdsystemanalyse an der Universität Potsdam. Rockström ist ein international anerkannter Wissenschaftler im Bereich globaler Nachhaltigkeitsfragen. Er war maßgeblich beteiligt an der Entwicklung des Konzepts der Belastungsgrenzen der Erde für die menschliche Entwicklung in der gegenwärtigen Phase raschen globalen Wandels. Er ist zudem führend im Bereich globaler Wasserressourcen und blickt auf 25 Jahre Erfahrung in der angewandten hydrologischen Forschung in tropischen Regionen zurück. Rockström hat mehr als 150 wissenschaftliche Forschungsarbeiten und Fachartikel veröffentlicht, die von Themen des angewandten Land- und Wassermanagements bis zu Fragen globaler Nachhaltigkeit reichen.

Bereits dieses eine Grad verursacht hohe soziale und ökonomische Kosten.

Bei der zweiten Risikokategorie handelt es sich um einen Bereich, bei dessen Erforschung das Potsdam-Institut für Klimafolgenforschung (PIK) die weltweit führende wissenschaftliche Einrichtung ist: Wir untersuchen, bei welchem Temperaturanstieg wir Gefahr laufen, sogenannte Kipp-Punkte zu erreichen, die unumkehrbare und sich selbst verstärkende Veränderungen im Erdsystem auslösen. Aus wissenschaftlicher Sicht wird es wahrscheinlicher, dass bei einer Temperaturerhöhung von über zwei Grad Celsius gegenüber vorindustriellem Niveau das hohes Risiko besteht, folgenreiche Kipp-Punkte zu überschreiten, die den Klimawandel und seine Folgen unbeherrschbar machen würden. Das würde die zukünftigen Generationen dazu verurteilen, in einer sogenannten Heißzeit zu leben, bei der die globale Mitteltemperatur nicht nur um zwei sondern um drei, vier oder fünf Grad Celsius steigt. Eine solche Entwicklung könnte die Menschheit in eine sehr gefährliche Zukunft führen: Gefährlich in dem Sinne, dass es fraglich ist, ob in einer solchen Welt tatsächlich noch die gesamte Bevölkerung ernährt und ob die wirtschaftliche Entwicklung, die eine moderne Welt ausmacht, gesichert werden könnte.

> „Wir untersuchen, bei welchem Temperaturanstieg wir Gefahr laufen, sogenannte Kipp-Punkte zu erreichen"

Das Konzept der Belastungsgrenzen der Erde wurde von Ihnen zusammen mit anderen Wissenschaftlern entwickelt,

Johan Rockström

um uns zu helfen, besser zu verstehen, wie sich menschliches Handeln und natürliche Prozesse im Erdsystem beeinflussen. Wie steht es um die Belastungsgrenzen der Erde?

Mit der Entwicklung des Konzepts der planetarischen Belastungsgrenzen (Planetary boundaries framework) haben wir die großen Prozesse beziehungsweise Stoffkreisläufe im Erdsystem identifiziert und verstanden, die letztlich entscheidend sind für das Gleichgewicht und die Stabilität des Erdsystems als Ganzes. Das bedeutet, diese Prozesse sind maßgeblich für den Erhalt der menschlichen Lebensgrundlagen verantwortlich. Wir wollten wissen, ob es möglich ist, sichere Bandbreiten festzulegen und damit Belastungsgrenzen zu definieren: Bleiben wir innerhalb dieser Grenzen, haben wir eine gute Aussicht auf einen stabilen Planeten, überschreiten wir sie aber, riskieren wir die Destabilisierung der Erde. Wir konnten Belastungsgrenzen für neun globale Erdprozesse bestimmen. Dazu zählt auch der Klimawandel. Alle neun sind sehr wichtig, weisen Wechselwirkungen untereinander auf und bestimmen zusammen den Zustand unseres Planeten. Wir haben auch herausgefunden, dass die Lufttemperatur ebenso wie die Temperatur der Ozeane stark davon beeinflusst wird, wie wir mit der Gesamtheit aller Belastungsgrenzen umgehen. Das bedeutet, dass wir große Vorsicht hinsichtlich all dieser globalen Erdprozesse walten lassen müssen, um den Klimawandel auf ein handhabbares Maß einzudämmen.

Politiker müssen verstehen, dass unsere einzige Chance, die Ziele des Pariser Klimaabkommens einzuhalten und die Temperatur auf deutlich unter zwei Grad zu begrenzen, darin besteht, die Belastungsgrenzen der Erde nicht zu überschreiten. Um das an einem Beispiel zu verdeutlichen: Wir emittieren jedes Jahr ungefähr 40 Milliarden Tonnen Kohlendioxid, indem wir fossile Energieträger verbrennen und die Entwaldung vorantreiben. Von diesen 40 Milliarden Tonnen verbleibt aber nur ungefähr die Hälfte in der Atmosphäre und heizt die Erwärmung weiter an. Die andere Hälfte wird von Ökosystemen wie den Böden, Wäldern, Grasländern und Ozeanen absorbiert. Man könnte sagen, dass die Erde ihre biophysikalischen Prozesse dafür einsetzt, stabil zu bleiben, unsere schädlichen Einflüsse abzumildern und die Schäden zu minimieren. Das geht so lange gut, wie wir noch funktionierende Ökosysteme haben. Die Böden, die Regenwälder und unsere Wälder der gemäßigten Breiten, die Korallenriffe und die Ozeane sind noch nicht so weit zerstört, dass sie uns nicht mehr helfen könnten. Noch absorbieren sie Kohlendioxid und tragen zur Stabilisierung des Erdsystems bei. Das zeigt zugleich, wie sehr unsere Zukunft davon abhängt, die Belastungsgrenzen der Erde nicht zu überschreiten.

Als ehemaliger Direktor des Stockholm Resilience Center haben Sie viel Erfahrung mit der Klima-Anpassungsfähigkeit tropischer Länder. Warum unterliegen diese besonders hohen Klimarisiken und warum treten hier immer wieder so große Klimaschäden auf?
Schädliche Klimafolgen gibt es überall, nicht nur in den Tropen. Auch wenn wir uns bislang zu Recht am meisten um die Folgen des Klimawandels in armen, tropischen Ländern gesorgt haben, so stellen wir inzwischen zunehmend fest, dass der Klimawandel auch in reichen Ländern

Extrem von der Dürre betroffene Regionen Marsabit und Moyale im Osten Kenias. Menschen und Tiere finden kein Wasser mehr.

und in kühleren Klimazonen gravierende Konsequenzen hat. Warum sind wir aber insbesondere um die Tropen besorgt? Zum einen liegt das daran, dass die Tropen eine geografische Region sind, die eine hohe natürliche Variabilität des Klimas aufweisen. Das führt dazu, das hier besonders oft extreme Niederschläge, Überflutungen, Dürren und Trockenperioden sowie Hitzewellen auftreten. Das ist ein normaler Bestandteil tropischer Umweltbedingungen. Durch den Klimawandel verstärkt sich diese ohnehin hohe Klimavariabilität aber noch zusätzlich. Zum zweiten kommt erschwerend hinzu, dass die meisten tropischen Länder zu den Entwicklungsländern zählen. Diese sind am vulnerabelsten gegenüber dem Klimawandel und seinen Folgen, das heißt sie haben geringere institutionelle und sozioökonomische Kapazitäten, um sich von Katastrophenereignissen gleich welcher Art zu erholen. Diese Kombination von hoher Risikoexposition und geringer Widerstandsfähigkeit macht die besondere Gefährdung dieser Länder aus.

Der Weltklimarat (IPCC – Intergovernmental Panel on Climate Change) gilt als die wissenschaftliche Instanz in der Welt mit der höchsten Autorität in Fragen des Klimawandels. Im Jahr 2018 hat der IPCC einen vielbeachteten Bericht veröffentlicht zu den Risiken, die bereits bei einer globalen Erwärmung von nur 1,5 Grad Celsius drohen. In dem Bericht wird angesichts großer Risiken für die menschliche Entwicklung dringend dazu geraten, alles zu tun, um die globale Erwärmung auf 1,5 Grad Celsius zu begrenzen. Das ist gemäß dem Bericht nur möglich, wenn wir sofort handeln. Wie stehen Sie dazu?

Johan Rockström

Der 1,5 Grad-Bericht des Weltklimarates zählt zu den wichtigsten wissenschaftlichen Berichten überhaupt! Der Bericht ist deshalb so bedeutsam, weil er erstmals zeigt, dass die Belastungsgrenze der Erde bereits bei 1,5 Grad Celsius globaler Erwärmung liegt. Das heißt, 1,5 ist weder einfach nur eine Zahl, noch nur ein Temperaturbereich, jenseits dessen Klimaschäden eben zunehmen. 1,5 Grad Celsius ist eine globale Belastungsgrenze. Wenn wir diese überschreiten, laufen wir Gefahr, dass alle künftigen Generationen unweigerlich auf einem Planeten leben müssen, der sich unaufhaltsam aufheizt.

Der zweite Grund, warum der Bericht so wichtig ist, besteht darin, dass der Weltklimarat zum ersten Mal sehr klar Stellung bezogen hat: Er zeigt auf, dass uns gerade noch zehn Jahre bleiben, um das zu tun, was zwingend nötig ist, um die Chance zu wahren, die globale Erwärmung auf 1,5 Grad Celsius zu begrenzen. Wir müssen innerhalb dieser zehn Jahre die globalen Emissionen halbieren. Das ist der Fahrplan für die Menschheit!

> „Wir müssen innerhalb der kommenden zehn Jahre die globalen Emissionen halbieren. Das ist der Fahrplan für die Menschheit!"

Was sind die wichtigsten Maßnahmen, die wir ergreifen müssen, um eine Temperaturerhöhung von 1,5 Grad nicht zu überschreiten?

Hier hätte der Weltklimarat klarer seien können, denn der Bericht enthält noch keinen eindeutigen Fahrplan. Fest steht jedoch, dass der Wendepunkt bei den globalen Emissionen spätestens 2020 erreicht werden muss. Wir müssen dringend vermeiden, dass die Emissionen über 2020 hinaus weiter ansteigen. Wenn wir das geschafft haben, gilt es, die Emissionen bis zum Jahr 2030 in etwa zu halbieren. Bis 2050 müssen wir Treibhausgasneutralität erreichen, das heißt, wir dürfen dann nur noch so viel emittieren, wie gleichzeitig von den Ökosystemen gespeichert werden kann. Mit anderen Worten: Wir müssen jetzt damit beginnen, die Emissionen Jahrzehnt für Jahrzehnt kontinuierlich zu senken.

Damit stellt sich natürlich die Frage, wie wir es schaffen können, unsere Emissionen Jahr für Jahr um etwa sechs Prozent zu verringern. Zunächst müssen sämtliche Investitionen in die Schaffung neuer Infrastruktur für fossile Energien gestoppt werden. Kohlekraftwerke müssen schrittweise stillgelegt werden. So wie in Deutschland beschlossen wurde, die Kohleverstromung auslaufen zu lassen, müssen andere Länder gleichziehen. Dabei besteht der erste Schritt eben darin, keine neuen Investitionen in die Kohle zu tätigen. Wenn das nicht gelingt, werden in der Folge weiter Kraftwerke gebaut, die dann wiederum dreißig Jahre laufen müssten, damit sie sich rentieren.

Der zweite Schritt besteht in der Dekarbonisierung des globalen Verkehrssektors – zur See, in der Luft und an Land. Das wird natürlich nicht über Nacht geschehen, aber wir sehen, dass in immer mehr Ländern, unter anderem in Deutschland, darüber nachgedacht wird. Und

„Wir haben Lösungen parat. Wir können schon heute sowohl die Energieversorgungs- als auch die Nahrungsmittelproduktionssysteme dekarbonisieren"

Johan Rockström

auch der Nahrungsmittelsektor muss schrittweise dekarbonisiert werden. Denn wir dürfen nicht vergessen, dass die Produktion von Nahrungsmitteln gleich nach der Erzeugung von Energie die größte globale Quelle von Treibhausgasemissionen ist. Es ist also nicht möglich, das Klimaproblem zu lösen, indem wir uns nur darauf konzentrieren, fossile Energieträger zu ersetzen. Genauso müssen wir uns darum kümmern, die Emissionen zu stoppen, die aus der Entwaldung und der Bodendegradation resultieren. Darüber hinaus müssen wir zur Neutralität bei den Emissionen von Methan und Stickoxiden kommen und Überdüngung und Lebensmittelverschwendung beenden. Und es ist unbedingt notwendig, all diese Herausforderungen gleichzeitig und rechtzeitig anzugehen. Aber: Wir haben für alle diese Bereiche Lösungen parat. Wir können schon heute sowohl die Energieversorgungs- als auch die Nahrungsmittelproduktionssysteme dekarbonisieren.

Die globalen Emissionen innerhalb von nur zehn Jahren zu halbieren erfordert eine bislang noch nicht dagewesene Anstrengung. Was würde sich dadurch in unserem Alltagsleben bis 2030 verändern?
Zunächst würde sich gar nicht viel ändern, denn der erste Schritt besteht ja darin, in der Stromerzeugung, beim Kühlen und beim Heizen zunächst lediglich die Energiequellen auszutauschen. Kohle, Öl und Gas werden durch Wasserkraft, Solar- und Windenergie sowie Biomasse ersetzt. Für unseren Lebensstil und unsere Lebensqualität macht das keinen Unterschied.

Für das Jahrzehnt ab etwa 2030 erwarte ich aber bedeutsame Veränderungen, vor allem in unserem Mobilitätsverhalten. Kurzstreckenflüge von unter 500 Kilometern würden sich im besten Fall vollständig auf Züge und Busse verlagern. Flugzeuge würden dann allenfalls nur noch für Langstrecken eingesetzt werden. Wir werden erleben, wie der öffentliche Verkehr massiv ausgebaut wird, wie die Einführung autonomer, elektrisch betriebener Fahrzeuge eine völlig neue Form öffentlicher Mobilität schafft und den Nahverkehr in Städten verändert. Gleichzeitig wird die Revolutionierung des Fahrradverkehrs weitergehen. Die schrittweise Veränderung unseres Lebensstils wird jedoch nicht zu einer Beeinträchtigung unserer Lebensqualität führen.

Schließlich wird es zu einer Veränderung unserer Konsum- beziehungsweise Ernährungsgewohnheiten kommen. Zum einen wird die Verschwendung von Lebensmitteln radikal zurückgehen und zum anderen wird sich unsere Ernährung ändern: Wir werden weniger klimaschädliche und mehr klimafreundliche Nahrungsmittel konsumieren.

Dieser Wandel kann nicht allein aufgrund von Verhaltensänderungen eintreten, sondern muss auch aufgrund einer veränderten Politik vollzogen werden. Ein Beispiel dafür ist die CO_2-Besteuerung, mit der man klimaschädliche Formen des Transports, der Energieerzeugung oder der Lebensmittelproduktion verteuert, während nachhaltiges Konsumverhalten demgegenüber steuerlich bevorteilt wird. Damit werden Anreize geschaffen, unser Alltagsverhalten massiv zu verändern. Das wird alle

Johan Rockström

Bereiche betreffen. So wird im Baubereich künftig mehr Holz und weniger Zement Verwendung finden. Ich glaube, dass diese Entwicklung zu den vielleicht spannendsten Veränderungen gehört und den Städtebau revolutionieren wird. Das wird zu deutlichen Verbesserungen in der Treibhausgasbilanz führen, denn Holz ist – anders als Zement – ein Kohlenstoffspeicher. Und so gibt es viele Beispiele für Innovationen, die wir voranbringen und dann massenhaft umsetzen müssen. Davon werden wir ebenso wie das Klima profitieren.

Seit den 1980er Jahren wissen wir, dass es den Klimawandel gibt. Seit fast vierzig Jahren diskutieren wir dessen Risiken und fahren doch damit fort, die Treibhausgasemissionen immer weiter zu steigern. Wie konnte es passieren, dass wir mehrere Jahrzehnte verloren haben und warum fällt es uns so schwer, den richtigen Kurs einzuschlagen?

Das ist eine gute Frage. Ich habe darauf mehrere Antworten, aber keine davon ist für sich allein genommen hinreichend. Zum einen zeigt uns die Forschung, dass es für gewöhnlich eine Generation lang dauert, bis neue wissenschaftliche Erkenntnisse auch tatsächlich in wirksames gesellschaftliches Handeln münden. Der wissenschaftlich eindeutige Nachweis des Klimawandels wurde 1990 mit dem Erscheinen des Ersten Berichts des Weltklimarates erbracht. Das Pariser Klimaabkommen wurde 2015 unterzeichnet, genau 25 Jahre später. Und ich glaube, dass wir beim Klimawandel genau jetzt den Wendepunkt erreicht haben.

Eine andere Ursache liegt in der hohen Komplexität des Klima-Problems. Denn der Klimawandel hat tatsächlich alle Eigenschaften, die es so schwierig für uns Menschen machen, mit dieser Krise umzugehen. Da ist zum einen der Umstand, dass wir es mit sehr langsamen Veränderungen zu tun haben, die zwar in Zukunft zu einer Katastrophe führen können, die aber von der heute lebenden Generation, die für die Emissionen verantwortlich ist, in ihren Auswirkungen noch kaum als schmerzhaft wahrgenommen werden. Ein weiteres großes Problem besteht darin, dass das, was den Klimawandel verursacht, sozusagen der Schmierstoff unserer modernen Welt ist. Der Klimawandel ist deshalb nicht nur ein Umweltproblem, sondern er hat weitreichende Konsequenzen für unsere gesamte Gesellschaft, weil er an deren wirtschaftlichem Fundament rührt: Wenn die fossilen Energieträger als die Grundlage der modernen Welt und damit auch unseres Wohlstandsmodells gleichzeitig maßgeblich für die Klimakrise verantwortlich sind, dann stehen wir in der Tat vor einem massiven Problem, dessen Lösung sehr komplex ist.

Hinzu kommt, dass unsere kollektive Selbstwahrnehmung bis vor relativ kurzer Zeit noch davon geprägt war, uns als kleinen Faktor in einer großen Welt zu empfinden: Wir konnten uns nicht vorstellen, in der Lage zu sein, die Meere zu zerstören, und es lag jenseits unserer Vorstellungskraft, dass wir die Atmosphäre aus dem Gleichgewicht bringen könnten. Inzwischen beginnen wir zu realisieren, dass wir eben nicht mehr länger eine kleine Welt auf einem großen Planeten sind, sondern stattdessen zu einer großen Welt auf einem kleinen Planeten geworden sind, der keine unberührten Räume mehr kennt. Diejenigen, die das bereits sehr viel früher erkannt haben, waren die Astronauten. Jeder, der Schritte auf dem Mond gemacht hat, kam als ein veränderter Mensch zurück. Sie alle haben begriffen, dass wir eine große Welt auf einem kleinen Planeten geworden sind. Weil aber nicht jeder Mensch Schritte auf dem Mond unternehmen und diese Erfahrung persönlich machen kann, benötigen wir die Wissenschaft: Sie ist es, die uns eben dieses neue Narrativ nahebringt.

Was ist genau die Rolle der Klimawissenschaften bei der Bekämpfung des Klimawandels?

Die Hauptaufgabe der Klimawissenschaft besteht darin, eindeutige und sehr genaue Fakten auf den Tisch zu legen. Bisweilen mag es Unverständnis geben über Klimawissenschaftler: Menschen mögen sich fragen, wie wir es dabei belassen können, einzig sachlich darüber zu informieren, dass unser gemeinsames Haus in Flammen steht. Warum werfen wir also nicht einfach unsere Klimamodelle aus dem Fenster, schnappen die Feuerwehrpumpe und beginnen zu löschen? Die Antwort ist, dass die vordringliche Aufgabe der Wissenschaft darin besteht, das Wissen um die Wirkungszusammenhänge zu generieren und bereitzustellen. Es ist nicht die Rolle der Wissenschaft, den Löschzug anzuführen. Allerdings gibt es inzwischen auch hier Bewegung. Gegenwärtig sehen wir, dass mehr und mehr Wissenschaftlerinnen

> „Wir sind zu einer großen Welt auf einem kleinen Planeten geworden, der keine unberührten Räume mehr kennt"

und Wissenschaftler ihre akademische Komfortzone verlassen und damit beginnen, die Klimabewegung der Jugendlichen, aber auch Unternehmen, Bürgermeister und Politiker dabei zu unterstützen, Lösungen zu finden. Es ist außergewöhnlich, dass allein im deutschsprachigen Raum zehntausende Wissenschaftler aus Deutschland, Österreich und der Schweiz eine Resolution unterzeichnet haben, in der sie sich mit dem Schulstreik der Jugendlichen solidarisieren und erklären, dass diese Recht haben und dass sie als Wissenschaftler hinter ihnen stehen. So etwas hat es zuvor noch nicht gegeben. Ich würde behaupten, dass dies damit zu tun hat, dass die Erkenntnisse zum Klimawandel, zu denen wir Wissenschaftler gelangen, immer beunruhigender werden. Damit vollzieht sich in der Klimaforschung auch eine Art moralischer Wende hin zur verantwortungsbewussten Wissenschaft.

> „Wir sehen eine starke Zunahme von Fällen, in denen Bürgerinnen und Bürger aufgrund unterlassener Klimaschutzpolitik den Rechtsweg suchen"

Gibt es politische Entwicklungen, die Ihnen Mut machen?
Ich sehe eine ganze Reihe von Entwicklungen, die mir Hoffnung machen. Seit zehn Jahren zeigen Meinungsumfragen überall auf der Welt, dass die Menschen zunehmend besorgt sind über den Klimawandel und mehr Klimaschutz fordern. Die Jugendbewegung Fridays for Future kommt also nicht von ungefähr. Im Gegenteil resultiert sie aus einem lange gewachsenen und sehr starken Trend. Ich glaube sogar, dass dessen Zentrum in Deutsch-

land liegt. Hier ist die Klimabewegung am tiefsten verankert, hat sich gesellschaftlich am weitesten verbreitet und hat am meisten Einfluss. Das hat natürlich auch damit zu tun, dass Deutschland ein gutes Beispiel für eine weitere positive Entwicklung liefert: Hier gibt es eine der weltweit stärksten grünen Parteien, fast keine der politischen Parteien bestreitet, dass der Klimawandel eine Realität ist, und mit der sogenannten Kohlekommission, also der Kommission „Wachstum, Strukturwandel und Beschäftigung", wurde ein Weg gewählt, den Kohleausstieg in einem breiten gesellschaftlichen Konsens zu beschließen. In Deutschland gibt es natürlich auch Auseinandersetzungen über die Klimapolitik – aber man stellt deren grundsätzliche Relevanz nicht in Frage und nimmt das Thema ernst.

Es gibt noch eine weitere Entwicklung, die meines Erachtens bislang zu wenig Beachtung findet: Wir sehen eine starke Zunahme von Fällen, in denen Bürgerinnen und Bürger aufgrund unterlassener Klimaschutzpolitik den Rechtsweg suchen. In Frankreich gibt es eine Sammelklage mehrerer Familien und Nichtregierungsorganisationen gegen die Regierung, die auf Verletzung der französischen Verfassung lautet und mit der Nicht-Umsetzung des Pariser Klimaabkommens begründet ist. In erster Instanz hat die Regierung verloren und ist daraufhin in Revision gegangen. Inzwischen haben schon fast drei Millionen Franzosen mit einer Petition diese Klimaklage unterstützt. Man könnte also interpretieren, dass sich die französische Regierung mit ihrer Revision gegen ihre eigenen Bürgerinnen und Bürger stellt. In Australien gab es jüngst einen anderen aufsehenerregenden Fall, in dem

Menschen vor Gericht gezogen sind, um Investitionen in ein neues Kohlebergwerk zu verhindern. Solche Fälle gibt es in Australien seit dreißig Jahren und stets haben die Kläger verloren. Immer wurde zugunsten der Unternehmen entschieden. Erstmals waren aber klagende Bürger erfolgreich, und zwar deshalb, weil Wissenschaftler dargelegt haben, dass Australien keine neuen Kohlebergwerke erschließen kann, ohne seine Verpflichtungen aus dem Pariser Klimaabkommen zu verletzen. Per Gerichtsbeschluss wurde also ein neues Kohlebergwerk verhindert!

Dies sind Anzeichen dafür, dass wir einen gesellschaftlichen Wendepunkt erreicht haben. Ebenso wie es heute schlichtweg inakzeptabel ist, in einem Flugzeug zu rauchen, werden wir den Punkt erreichen, an dem Investitionen in fossile Energieträger gesellschaftlich nicht mehr akzeptiert werden.

Dirk Messner und Marian Feist

Das Klima erfolgreich schützen

GERECHTIGKEITSFRAGEN UND DIE ROLLE DER STÄDTE

m Jahr 2015 hat sich die internationale Staatengemeinschaft eine Agenda in Form von 17 Zielen für nachhaltige Entwicklung gegeben (Sustainable Development
Goals, SDGs). So sollen beispielswiese bis
2030 Armut und Hunger weltweit bewältigt, Ökosysteme wie Ozeane, Wälder und
landwirtschaftliche Flächen geschützt
und Zugang zu Bildung und umwelt-
freundlicher Energie für alle gewährleistet werden. Die Agenda 2030 umfasst
auch explizit den Schutz des Weltklimas
und die Eindämmung der Auswirkungen des Klimawandels (SDG 13). Dieser
Beitrag hebt zwei Aspekte hervor, die
zur erfolgreichen Umsetzung der Klimaziele essenziell sind: die Bedeutung von
Gerechtigkeit für erfolgreichen Klimaschutz und die nachhaltige Gestaltung
von Städten.

Dr. Marian Feist ist Politik-
wissenschaftler an der Universität der
Vereinten Nationen. Er promovierte
an der London School of Economics,
wo er dem Grantham Research Institute
on Climate Change angehörte. Seine
Arbeit befasst sich mit globaler Umwelt-
politik, internationaler Klimafinanzierung und nachhaltiger Digitalisierung.

DER KLIMAWANDEL ALS GERECHTIGKEITSFRAGE

Um die aktuellen Prioritäten und Debatten richtig einzuordnen, ist es hilfreich,
den Klimawandel vor allem als ein globales, mehrdimensionales Gerechtigkeits-
problem zu begreifen, das die gegenwär-
tige, auf fossilen Brennstoffen basierende
Wirtschaftsweise hervorgebracht hat (Shue
2014; Klinsky et al. 2017; Allen 2019). Ohne

Prof. Dr. Dirk Messner ist Politik-
wissenschaftler und Direktor des
Instituts für Umwelt und menschliche
Sicherheit an der Universität der
Vereinten Nationen in Bonn. Er ist
außerdem Co-Vorsitzender des Wissen-
schaftlichen Beirats der Bundesregie-
rung Globale Umweltveränderungen.
Zum 1. Januar 2020 wird er neuer
Präsident des Umweltbundesamtes.

Frage sind die Auswirkungen des Klimawandels heute bereits spürbar – besonders in den ärmsten Teilen der Welt. Mit fortschreitender Erderwärmung nimmt die Wahrscheinlichkeit für Stürme, Hitzewellen und andere extreme Wetterereignisse weiter zu. Durch den Anstieg der Meeresspiegel sind ganze Inselstaaten in ihrer physischen Existenz bedroht – und damit die Lebensgrundlage und Kultur ihrer Bewohner. Diese katastrophalen Klimafolgen verdeutlichen unmissverständlich die Dringlichkeit eines tiefgreifenden Umbaus der Wirtschaft, um den Ausstoß von Treibhausgasen weitestgehend zu vermeiden und es Gemeinschaften zu ermöglichen, sich ihren durch den Klimawandel geänderten Lebensbedingungen anzupassen. Wo selbst das nicht mehr machbar ist, sind innovative Maßnahmen gefragt, um eine gerechte Lösung zu ermöglichen und nachgeschaltete Probleme in der Zukunft zu verhindern. Ein international anerkannter Klimapass könnte beispielsweise verhindern, dass diejenigen staatenlos werden, deren Heimat durch den Klimawandel unbewohnbar geworden ist und die selbst zumeist nur äußerst wenig zur Erderwärmung beigetragen haben (WBGU 2018). Gleichzeitig muss die klimagerechte Transformation des Wirtschaftssystems weiter vorangetrieben werden, um noch größere Schäden und Verluste in der Zukunft zu vermeiden. Das betrifft nicht zuletzt auch künftige Generationen, deren Entwicklungschancen durch die Klimakrise signifikant bedroht sind. Die Proteste von Schülern weltweit und deren beachtliche Resonanz haben deutlich gemacht, dass inzwischen in vielen Ländern ein starkes Bewusstsein für die Dringlichkeit von effektivem Klimaschutz gewachsen ist.

Allerdings ist der tiefgreifende Umbau der Wirtschaft, den erfolgreicher Klimaschutz erfordert, nicht konfliktfrei. Er bedeutet unter anderem den zügigen Ausstieg aus der Stromproduktion durch Kohleverbrennung. An der Kohleförderung hängen wiederum wirtschaftliche Existenzen und soziale Identitäten in den Bergbauregionen. Der dringend erforderliche Kohleausstieg muss darum partizipativ und sozial gerecht gestaltet werden. Das bedeutet zum Beispiel, den zeitlichen und finanziellen Rahmen frühzeitig und klar festzulegen und die Betroffenen bei der Entwicklung von Übergangsmodellen einzubeziehen (Green 2018; WBGU 2018). Entsprechende Prozesse, die unter anderem während der Vertragsstaatenkonferenz der Klimarahmenkonvention im Kattowitz im Dezember 2018 intensiv bera-

Durch den Meeresspiegelanstieg geht im pazifischen Inselstaat Kiribati knappes Land verloren. Umsiedlungen werden erforderlich.

ten wurden, werden unter dem Schlagwort Just Transition diskutiert.

Drei Betroffenengruppen sind also im Hinblick auf fairen und erfolgreichen Klimaschutz zentral (WBGU 2018): erstens vor allem arme und vulnerable Menschen, die, vornehmlich in Entwicklungsländern, besonders unter den Folgen globaler Erwärmung leiden. Zweitens aber auch Menschen, die, vor allem in Industrie- und Schwellenländern, von den notwendigen und dringenden Maßnahmen zur Dekarbonisierung der Wirtschaft betroffen sind. Und drittens auch künftige Generationen, die heute noch keine Stimme haben. Standen in der Klimapolitik vormals noch vornehmlich Umverteilungskonflikte im Zentrum, das heißt die Frage, welche Akteure die Kosten für Vermeidung und Anpassung tragen sollen, geht es mittlerweile für immer größere gesellschaftliche Gruppen um nicht weniger als den Fortbestand ihrer Lebensentwürfe, Gemeinschaften und Kulturen (Hale et al. 2018). Gerechtigkeit ist vor diesem Hintergrund Voraussetzung für erfolgreiche Klimapolitik. Sie in den Blick zu nehmen, ist nicht nur ethisch geboten, sondern auch strategisch notwendig, um mittel- und langfristig soziale Kohäsion und somit die politische Durchsetzbarkeit essenzieller Klimaschutzmaßnahmen zu gewährleisten (Feist & Messner 2019).

DIE ROLLE DER STÄDTE

Siedlungen weltweit inklusiv, sicher, resilient und nachhaltig zu gestalten – von der kleinen Gemeinde bis hin zur Weltstadt – ist das 11. Ziel für nachhaltige Entwicklung (SDG 11). Zu einer nachhaltigen Stadt ge-

Dirk Messner und Marian Feist

hören dabei beispielsweise erschwinglicher Wohnraum, umweltschonende Verkehrssysteme, funktionierende Arbeitsmärkte und verantwortungsvoller Umgang mit Ressourcen und Abfällen. Der Gestaltung menschlichen Zusammenlebens in den Städten kommt aber auch entscheidende Bedeutung für den klimagerechten Umbau von Gesellschaften zu. 70 Prozent der energiebezogenen Treibhausgasemissionen werden von Städten induziert. Zugleich vergrößert sich die urbane Weltbevölkerung deutlich von heute 3,5 Milliarden auf voraussichtlich 6,5 Milliarden Menschen bis 2050. Nur wenn die existierenden Städte klimaverträglich umgebaut werden und neue urbane Räume von Anfang an auf Klimaneutralität ausgerichtet werden, kann die Klimakrise bewältigt werden. Im Zentrum stehen dabei dekarbonisierte Mobilitätssysteme, erneuerbare Energiesysteme für die Städte und klimaschonende Architektur und Baustoffe. Die Zukunft der Menschheit wird in den Städten entschieden, in denen Mitte des Jahrhunderts über 75 Prozent der Weltbevölkerung leben werden (WBGU 2016). Die Städte der Welt nachhaltig zu gestalten, ist für erfolgreichen Klimaschutz also essenziell.

Auch aus der Perspektive der internationalen Klimapolitik kommt Städten eine besondere Bedeutung zu. Das Übereinkommen von Paris vom Dezember 2015 wurde nach Jahren vergeblicher Versuche, ein globales Abkommen mit verbindlichen Zielen auszuhandeln, politisch dadurch möglich, dass die beteiligten Staaten ihr Ambitionsniveau selbst festlegen. Obwohl das Pariser Übereinkommen zweifelslos die wichtigste globale Vereinbarung zum Klimaschutz seit dem Kyoto-Protokoll von 1997 ist, bleibt seine Effektivität bei Vermeidung und Anpassung angesichts dieser einzelstaatlich festgelegten Beiträge (NDCs) unsicher. Nur wenn Staaten, Wirtschaft und gesellschaftliche Akteure handeln, kann das Klimaabkommen umgesetzt werden. Die Aktivitäten der Staaten werden im Rahmen der Vereinten Nationen transparent gemacht, um Vertrauen zu schaffen und zu demonstrieren, wie effektiver Klimaschutz aussehen kann. Sanktionsmechanismen für Staaten, die ihre Kooperation verweigern, sind jedoch nicht vorgesehen. Diese Unsicherheit wird dadurch noch verstärkt, dass international die Ambitionen für den Klimaschutz insgesamt nachgelassen haben. Europa hat nicht mehr die Vorreiterrolle inne, die es früher für sich beanspruchte. Die Vereinigten Staaten haben 2017 angekündigt, aus dem Pariser Übereinkommen auszutreten. Andere Staaten könnten vor diesem Hintergrund ihren Ehrgeiz ebenfalls reduzieren. Angesichts seiner inhärenten Freiwilligkeit und dieses unsicheren, zuletzt eher schwachen politischen Willens hängt die Umsetzung des Pariser Übereinkommens daher nicht unwesentlich von sub- und nichtstaatlichen Akteuren ab – wie Unternehmen, Provinzen und insbesondere eben auch Städten (Chan et al. 2018). Die gute Nachricht ist, dass Technologien und Handlungskonzepte zum Klimaschutz sich rasch weiterentwickelt haben. Nun müssen politisch die richtigen Rahmenbedingungen gesetzt werden, um diese Potenziale zu nutzen. Werden die richtigen Signale und Anreize gesetzt, zum Beispiel durch Bepreisung von Treibhausgasemissionen, durch konkrete Strategien und

Dirk Messner und Marian Feist

Zeitpläne zur Dekarbonisierung der Wirtschaft und durch sozialverträgliche Klimaschutzmaßnahmen, kann gerechter Klimaschutz in den Städten und weltweit gelingen.

Literatur

Allen, Myles (2019): Why protesters should be wary of '12 years to climate breakdown' rhetoric. The Conversation https://theconversation.com/why-protesters-should-be-wary-of-12-years-to-climate-breakdown-rhetoric-115489 (abgerufen am 23. April 2019).

Chan, Sander, Falkner, Robert, Goldberg, Matthew und van Asselt, Harro (2018): Effective and geographically balanced? An output-based assessment of non-state climate actions. Climate Policy 18 (1), 24–35.

Feist, Marian und Messner, Dirk (2019): Klimapolitik, Digitalisierung und soziale Kohäsion. Die große Transformation unter neuen Vorzeichen. Amos International 1/2019, 3–8.

Green, Fergus (2018): Transition policy for climate change mitigation. Who, what, why and how. Centre for Climate Economics & Policy Working Paper 1805, Canberra.

Hale, Thomas, Green, Jessica und Colgan, Jeff (2018): The climate is changing. Here's how politics will also change. The Washington Post Monkey Cage blog: https://www.washingtonpost.com/news/monkey-cage/wp/2018/10/08/the-climate-is-changing-heres-how-politics-will-also-change/ (abgerufen am 9. Oktober 2018).

Klinsky et al. (2017): Why equity is fundamental in climate change policy research. Global Environmental Change 44, 170–173.

Shue, Henry (2014): Climate justice. Vulnerability and Protection. Oxford.

WBGU (2016): Der Umzug der Menschheit. Die transformative Kraft der Städte. Wissenschaftlicher Beirat Globale Umweltveränderungen, Berlin.

WBGU (2018): Zeit-gerechte Klimapolitik. Vier Initiativen für Fairness. Wissenschaftlicher Beirat Globale Umweltveränderungen, Berlin.

Interview mit Thabo Makgoba

Wir leben auf einer endlichen Erde

DER ANGLIKANISCHE ERZBISCHOF VON KAPSTADT MAHNT ZU MEHR KLIMAGERECHTIGKEIT

Wann haben Sie angefangen, sich über den Klimawandel Sorgen zu machen?

Thabo Makgoba: Das fing an, als ich als neu ernannter Erzbischof damit begonnen habe, viel in den Ländern des südlichen Afrika zu reisen, um unsere Diözesen zu besuchen. Die ungewöhnliche Zunahme von Dürren einerseits und viele Überschwemmungen andererseits, und das teilweise auch noch zur selben Zeit, aber an unterschiedlichen Orten, brachte mich zum Nachdenken. Ich begriff, dass der Klimawandel zur Realität geworden ist.

Thabo Makgoba (geboren 1960) ist ein südafrikanischer Theologe und der anglikanische Erzbischof von Kapstadt. Makgoba wurde in der südafrikanischen Provinz Limpopo geboren und wuchs auf in Alexandra in Johannesburg bis seine Familie zwangsweise nach Soweto umgesiedelt wurde. Er hat einen Abschluss in Psychologie der Witwatersrand-Universität, ließ sich zum anglikanischen Priester ausbilden und promovierte später an der Universität in Kapstadt. Mit 47 Jahren wurde er zum Erzbischof von Kapstadt gewählt. Er trat mehrmals auf Podiumsdiskussionen des Weltwirtschaftsforums in Davos auf und als Botschafter für Klimagerechtigkeit bei der Klimakonferenz in Paris. The Archbishop Thabo Makgoba Development Trust ist eine von ihm geführte Stiftung, die sich gegen soziale Ungleichheit wendet.

Beim Pariser Klimagipfel im Jahr 2015 fungierten Sie für das internationale Netzwerk von Kirchen und kirchlichen Hilfswerken, ACT Alliance, als Botschafter für Klimagerechtigkeit. Was hat Sie zu diesem politischen Engagement veranlasst?

Dieser Entschluss reifte, als ich nach Lesotho kam und dort all das Leid und Unrecht erlebte, das denjenigen widerfuhr, die zu Opfern einer Dürre geworden waren. Dann kam ich nach Swasiland und auch dort herrschte eine große Trockenheit. Überall lagen die verendeten Rinder am Straßenrand und mich berührte das Elend der Menschen: Auf dem Lande sind die Menschen in Swasiland sehr arm. Alles was sie haben, sind ihre Rinder, von denen ihr Lebensunterhalt abhängt, die ihnen Milch und Fleisch als Nahrung geben, die ihnen als Altersversorgung dienen. Jetzt stand die Landbevölkerung buchstäblich ohne alles da – aufgrund einer Dürre, die auf den Klimawandel zurückgeht, zu dem diese Menschen nichts beigetragen haben. Da begriff ich die politische Dimension des Klimawandels und erklärte mich bereit, als Botschafter für Klimagerechtigkeit nach Paris zu reisen, um dort, aber auch bei anderen klimapolitischen Konferenzen, meine Stimme einzubringen.

Eine Verwandte von Ihnen war längere Zeit als südafrikanische Diplomatin an den internationalen Klimaverhandlungen beteiligt. Hat das ebenfalls Ihre Entscheidung beeinflusst, sich stärker politisch zu engagieren?

Gewiss! Mazimbuku ist eine Verwandte väterlicherseits. Sie hat für Südafrika das Klimaabkommen verhandelt. Auch Maite Nkoana-Mashabane, unsere frühere Außenministerin und jetzige Ministerin für Ländliche Entwicklung, sowie der ehemalige Erzbischof Desmond Tutu haben mich sehr stark beeinflusst. Aber der Mensch, der mich tatsächlich am meisten bewegt hat, ist Erzbischof Winston aus Fidschi. Bei allen unseren Treffen pflegte er stets zu sagen: „Erzbischof Thabo, unsere Inseln verschwinden, der Meeresspiegel steigt und das eindringende Salzwasser hat unsere Böden so belastet, dass wir nicht mehr länger die Saat ausbringen können."

Der Klimawandel bewegt die Menschen im südlichen Afrika. Worin bestehen die größten Herausforderungen?

Thabo Makgoba

Ich komme gerade aus Mosambik zurück, einem Land, dass durch die beiden kurz aufeinanderfolgenden Zyklone Idai und Kenneth verwüstet worden ist. Damit meine ich die Wirtschaft, die Dörfer, und die Kirchen. Mosambik musste aufgrund dieser Naturkatastrophe eine sehr große Summe bei der Weltbank leihen und ist jetzt hoch verschuldet. Weil die Ernte verloren ist, haben die Bauern begonnen, Holzkohle herzustellen. Das war für viele die einzige Möglichkeit, wenigstens ein kleines Einkommen zu erzielen. Aber das führt natürlich zu einer weiteren Abholzung der Wälder und heizt den Klimawandel an. Hier kann man sehen, in welchem Teufelskreislauf sich die Ärmsten der Armen befinden. Durch die Klimakrise steigt ihre Verschuldung, sie sind gezwungen, ihre Wälder abzuholzen, was wiederum den Klimawandel beschleunigt. Das ist das Gegenteil von Klimagerechtigkeit!

> „Ein Teufelskreis: Durch die Klimakrise steigt die Verschuldung, die Menschen sind gezwungen, ihre Wälder abzuholzen"

Oder nehmen wir Namibia, ein weiteres Land, das vor nicht allzu langer Zeit ebenfalls aufgrund einer Dürre den Notstand ausrufen musste. Die Menschen wurden aufgefordert, ihre Rinder notzuschlachten. Daraufhin haben viele ältere Männer resigniert und ihren Lebenswillen verloren. Für sie war das gleichbedeutend mit der Situation eines Rentners, der lebenslang gearbeitet hat und von einem Tag auf den anderen seine gesamten Rentenansprüche und noch dazu die Ersparnisse verliert, so dass nichts bleibt zum Leben und nichts, was an die Kinder vererbt werden kann.

Ist das der Grund, warum gerade die Kirche in Afrika eine starke Stimme erhebt gegen den Klimawandel? Der Ruf nach Klimagerechtigkeit ist ja ganz besonders auch in Afrika zu vernehmen.

Ganz eindeutig ja! Für meine eigene Anglikanische Kirche kann ich sagen, dass der Klimawandel für uns zu einer Priorität geworden ist. Wir haben die Grünen Anglikaner ins Leben gerufen, um vor allem auch die Jugend für das Thema zu sensibilisieren. Daneben haben wir ein Umwelt-Netzwerk sogenannter Öko-Bischöfe: Dem gehören anglikanische Bischöfe aus der ganzen Welt an, die sich gegen den Klimawandel und für Klimagerechtigkeit engagieren. Die Bischöfe kommen regelmäßig zusammen und tauschen sich darüber aus, wie sich der Klimawandel in ihren Herkunftsländern auswirkt und was die Kirche tun kann. In Südafrika hat dieses Engagement dazu beigetragen, einen Bewusstseinswandel auszulösen. Politiker und auch Wissenschaftler sagen uns heute, dass die Kirchen eine wichtige Rolle dabei gespielt haben. Wir haben unsere Kirche und unser Land klimapolitisch aufgeweckt.

Afrika ist zu einem Brennpunkt des Klimawandels geworden. Welche klimapolitischen Fortschritte hat es dort seit der Verabschiedung des Pariser Klimaabkommens gegeben?

Es gibt ein hohes Problembewusstsein aber einen großen Nachholbedarf beim Handeln. Insbesondere in Südafrika ist die Abhängigkeit von der Kohle groß und hier hat es zunächst auch noch viel politische Unterstützung für die Atomenergie gegeben, wodurch Fortschritte bei den

Extremer
Wassermangel
betrifft schon
heute 25 Prozent
der Welt-
bevölkerung.
Afrika und
Südasien sind
besonders
betroffen.

erneuerbaren Energien ins Hintertreffen geraten sind. Inzwischen weht aber ein anderer politischer Wind und ich bin zuversichtlich, dass künftig der Schwerpunkt auf den Ausbau der erneuerbaren Energien gelegt wird. Die Anglikanische Kirche hat sich in einer Resolution klar gegen die Nutzung der Atomenergie ausgesprochen. Jetzt müssen wir uns für den Ausbau erneuerbarer Energien stark machen. Beim Ausstieg aus der Kohle müssen wir allerdings darauf achten, dass unsere Bergbaugemeinden eine Zukunft haben. Ich moderiere aktuell einen Dialogprozess zwischen den Kirchen und denen, die vom Bergbau wirtschaftlich abhängig sind. Dabei geht es um soziale Fragen. Die Gewerkschaften und die Bergbaugemeinden fordern einen gerechten Übergang von der Kohle zu den erneuerbaren Energien. Das heißt, sie wollen, dass dort, wo Arbeitsplätze in den Kohleminen verloren gehen, neue Arbeitsplätze zum Beispiel in der Fabrikation von Windturbinen entstehen, damit die Menschen nicht verarmen. Auch hier gilt: Wir sind uns der Probleme bewusst, aber wir sind im Rückstand, was innovative, faire und gerechte Lösungen anbelangt.

> „Wir verfolgen ein Wachstumsmodell, das die Endlichkeit des Planeten ignoriert."

Greta Thunberg hat mit ihrem Schulstreik weltweit die Jugendbewegung Fridays for Future initiiert. Hat die Bewegung auch in Afrika jugendliche Anhänger?
Natürlich! In Kapstadt haben sich viele Jugendliche den weltweiten Protesten angeschlossen. Die Schule zu bestreiken, ist an sich etwas sehr Unübliches bei uns. Trotzdem

Thabo Makgoba

hat auch unsere Bewegung der Grünen Anglikaner mitgemacht, und viele andere Schulen ebenfalls. Persönlich wünsche ich mir, dass die jungen Leute das weitermachen, um ein starkes Zeichen zu setzen. Bislang waren sie jedenfalls sehr erfolgreich darin, mit ihrer klaren Botschaft eine Debatte auszulösen.

Die Wissenschaftler sagen uns, dass nur noch zehn Jahre bleiben, um die Schritte zu unternehmen, die notwendig sind, um die Erwärmung auf 1,5 Grad Celsius zu begrenzen. Was erwarten Sie von den Industrieländern, um mehr Klimagerechtigkeit zu erwirken?

Ich erwarte einen schnellen Umstieg von fossilen auf erneuerbare Energien. Der erste Schritt muss sein, die Subventionierung fossiler Energien sofort zu beenden. Bezogen auf Lebensstile und Verhaltensweisen müssen die Menschen in Industrieländern mit dem Herzen begreifen, dass ihre Konsummuster nicht nachhaltig sind und dass sie eben auch zu den klimabedingten Schäden und Verlusten beitragen, die bislang vor allem diejenigen Länder treffen, die am wenigsten zum Klimawandel beitragen.

Wir leben auf einer endlichen Erde, verfolgen aber ein ökonomisches Wachstumsmodell, dass die Endlichkeit des Planeten schlichtweg ignoriert. Dieses Modell führt uns in die Zerstörung. Das sind Fragen, an denen der Globale Norden arbeiten muss – und zwar zusammen mit uns im Globalen Süden. Ich möchte mit dem, was ich sage, nicht anklagen. Aber die Industrieländer müssen verstehen, dass die Art und Weise, wie sie Energie aus der Verbrennung von Kohle und dem Verheizen von Öl gewinnen, zu einem großen globalen Problem geworden ist. Deshalb müssen Politik und Gesellschaften im Westen die Transformation der Energiewirtschaft von fossilen zu erneuerbaren Energien beschleunigen und diese Dekarbonisierung auf die gesamte Wirtschafts- und Lebensweise ausweiten. Die Technologien, die ihr dabei entwickelt, können auch uns sehr helfen. Denn diese Umstellung müssen natürlich auch wir vollziehen.

Welche Erwartungen haben Sie an die Regierungen Afrikas?
Südafrika ist ebenfalls für hohe Treibhausgasemissionen verantwortlich. Wir müssen deshalb ebenfalls schnell von Kohle auf erneuerbare Energien umsteigen. Afrika insgesamt sollte einen weiteren Schwerpunkt auf die Wiederaufforstung legen und darüber hinaus auf die Transformation zu einer resilienten und treibhausgasarmen Agrarwirtschaft.

Kommt Christinnen und Christen eine besondere Rolle dabei zu, die Klimakrise zu überwinden?
Zunächst müssen wir, und ich schließe mich ein, unsere Schöpfungstheologie neu interpretieren: Das Verständnis, die Menschheit müsse sich mehren und sich die Erde untertan machen, ist falsch. Stattdessen verlangt die Schöpfung danach, von uns bewahrt zu werden. Wir sind dazu aufgerufen, die Schöpfung zu schützen. Hinzukommt, dass wir Christen ja nur ein Teil der Menschheit sind. Also können wir auch nicht so tun, als gebe es nur die christliche Theologie und als könnten wir diese losgelöst von unserer Mitwelt praktizieren. Deshalb müssen

wir uns mit anderen Religionsgemeinschaften und gesellschaftlichen Gruppen zusammentun und gemeinsam das Richtige tun. Bei uns gibt es ein Sprichwort, das sagt, Politiker sind Menschen, die ihren Finger befeuchten, in die Luft halten und sehen, woher der Wind weht. Wir Christen müssen demnach diejenigen sein, die die Windrichtung ändern.

Haben Sie sich auch persönliche Ziele gesetzt, Ihre CO_2-Emissionen zu senken?

Was ich bislang tue, ist, dass ich zum einen kein rotes Fleisch mehr esse, denn das hat einen sehr großen CO_2-Fußabdruck, insbesondere im Fall von Rindern. Zum zweiten pflanze ich immer, wenn ich reise, einen Baum, um meine Emissionen zu kompensieren. Und dann führe ich einen Teil meines Einkommens ab, um die Ärmsten der Armen zu unterstützten. Aber das Wichtigste ist vielleicht, dass ich auch weiterhin meine Stimme erhebe im Namen der Verletzlichsten: gegen den Klimawandel, für Klimaschutz und für Klimagerechtigkeit.

Was für ein Afrika wünschen Sie sich im Jahr 2030?

Meine Vision ist ein Afrika, dass seine Entwicklung auf der Nutzung von sauberen Zukunftstechnologien aufbaut und nicht auf solchen Technologien, die unsere Umwelt zerstören. Natürlich müssen wir wirtschaftlich wachsen und uns ökonomisch entwickeln, um uns zu ernähren, und auch, damit Afrika aufblüht. Aber die Infrastruktur, die wir aufbauen, muss nachhaltig und grün sein. Das ist nicht nur ein Wunsch, das ist ein Gebet!

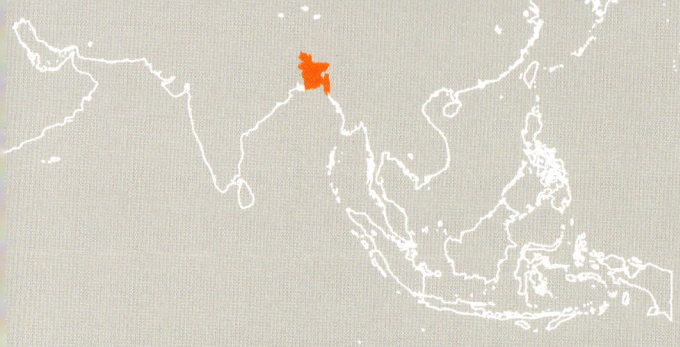

Cornelia Füllkrug-Weitzel

Die Klima-
krise ist
schon da

EINE REISEREPORTAGE
AUS BANGLADESCH

Landeanflug auf Dhaka, Hauptstadt von Bangladesch – als die Wolkendecke endlich aufreißt, bietet sich ein einmaliges Bild: Grün schimmernde Reisfelder, ein dichtes Geflecht glitzernder Wasserläufe, unzählige kleine Dörfer dicht an dicht und unzählige hohe, qualmende Backsteinkamine. Bangladesch auf einen Blick, Klima-Probleme auf einen Blick: 170 Millionen Menschen, mehr als doppelt so viele Einwohner als bei uns, besiedeln eine Fläche, die nicht mal halb so groß ist wie Deutschland. Landwirtschaft und Fischerei ernähren die Mehrheit der Bevölkerung. Wasser ist die Basis von Infrastruktur und Ernährung, in Zeiten des Klimawandels aber auch großer Risiken und großen Leids: Mit Ganges und Brahmaputra durchströmen zwei der größten Flüsse Asiens das Land, bringen Wasser aus dem Himalaya. Mit dem Abschmelzen der Gletscher überschwemmen sie immer häufiger und dramatischer ein Land, von dem 15 Prozent weniger als einen Meter über dem Meeresspiegel liegen. Die beiden großen Ströme vereinen sich zum Meghna und formen schließlich ein riesiges Delta mit 20.000 Kilometern an Wasserwegen, voller Mangrovensümpfe und fruchtbaren Schwemmlandinseln. Und weil Bangladesch buchstäblich auf Sand gebaut ist und es an Stein als Baumaterial fehlt, verheizen rund viertausend Brennereien rund um die Uhr Holz und Kohle, um Ziegelsteine zu gewinnen. Deren rauchende Schornsteine zeugen vom Bauboom und einer rasanten Infrastrukturentwicklung. Kein anderer Industriezweig im Land verursacht aber zugleich so viel schädliche Kohlendioxidemissionen.

Ich verlasse den Flughafen und tauche ein in eine dichte Menschenmenge. Der Lärm ist ohrenbetäubend, die Sonne brennt gleißend trotz der frühen Morgenstunde, und die Luftverschmutzung nimmt mir den Atem. Nur schleppend kommen wir im dichten Verkehr voran. 17 Millionen Einwohner zählt Dhaka, eine der am schnellsten wachsenden Megastädte der Welt. Wasser- und Abwasserversorgung, Verkehr, Umweltqualität und Daseinsvorsorge – eine Stadt am Rande des permanenten Infarktes. Welch eine Herausforderung, diesen Moloch in eine lebenswerte und zukunftsfähige Stadt umzuwandeln! Nach zwei Stunden endlich am Hafen: Pamela, meine fachkundige Kollegin mit dem ansteckenden Lachen, sowie Foezullah, der Leiter der Klimaabteilung der Christian Commission for Development in Bangladesh, und seine junge Mitarbeiterin Mou empfangen mich. Mit einem archaisch anmutenden Flussdampfer brechen wir auf zu unserer Reise in den Süden des Landes – wie eine Garantie für eine sichere Reise wirkt der Dampfer nicht. Für unsereins mutet das wie ein Abenteuer an. Meine lokalen Begleiter amüsieren sich darüber, dass ich der Sicherheit des Dampfers überhaupt einen Gedanken widme. Bald schon werde ich verstehen, warum. An meinem spontanen Stoßgebet hindert mich deren Einstellung, es hier mit einer eher lächerlichen Sorge zu tun zu haben, dennoch nicht.

UNSICHERE EXISTENZ AUF DEM SCHWEMMLAND

Sieben Stunden lang gleiten wir an Reisfeldern vorbei, an Sandbänken und fruchtbaren Schwemmlandinseln. Sie entstehen so unvorhersehbar und rasch aus Ablagerungen des Flusses, wie sie im Zuge des nächsten ebenso unvorhersehbaren Hochwassers auch wieder weggeschwemmt

Cornelia Füllkrug-Weitzel

werden können. Keine solide Basis für eine Existenz. Aber Land ist so knapp in Bangladesch und so viele Münder müssen gefüttert werden, dass landlosen Familien keine Alternative haben zu einer derart fragilen Existenz: Trotz der Dauergefährdung versuchen sie, mit Landwirtschaft und Kleinstfischerei ein bescheidenes Einkommen auf diesem Schwemmland zu erzielen. Nur der Mut absoluter Verzweiflung kann einen solche Schritte tun lassen, denke ich. Dagegen ist die Fahrt mit unserem seeuntüchtigen Dampfer tatsächlich ein sehr begrenztes, lächerlich kleines Risiko. Zumal nicht nur der Untergrund das Leben dieser Menschen täglich unsicher macht: Die Jahreszeiten sind in Zeiten des Klimawandels nicht mehr so, wie sie einmal waren. Vor allem sind sie überhaupt nicht mehr

Der für dieses Jahrhundert prognostizierte Meeresspiegel-anstieg von einem Meter würde 15 Prozent der Landfläche und 30 Millionen Einwohner Bangladeschs bedrohen.

vorhersehbar. Das birgt große Risiken für die Landwirtschaft. Foezullah berichtet uns, dass es vor zwei Jahren bereits im April, eigentlich einem trockenen Monat, ungewöhnlich starke Regenfälle und Überschwemmungen gab. Der noch nicht erntereife Reis verrottete auf den Feldern und stürzte viele Bauern in den Ruin. Im Juli und August folgten dann die schwersten Monsunregen seit vielen Jahren. Die Flüsse traten über die Ufer und vier Millionen Menschen verloren Hab und Gut. Foezullah erzählt herzergreifende Geschichten vom Schicksal dieser ganz und gar armen Familien, die mangels Alternativen auf solchen Schwemmlandinseln und in Uferbereichen lebten, die nicht durch Dämme gegen Hochwasser geschützt sind. Insgesamt 15 Millionen Menschen, so schätzt Foezullah, leben in Bangladesch außerhalb der eingedeichten Flächen und viele weitere sind nur unzureichend durch Dämme geschützt. Eine Garantie für ein auskömmliches Leben, ja, sogar für ihr Überleben, gibt es zu keinem Zeitpunkt.

Leben von einem Tag auf den anderen, die Zukunft eines Volkes nicht zuletzt abhängig von unserer Einsichtigkeit und Bereitschaft, dem Klimawandel rasch und entschieden zu begegnen, das schießt mir hier durch den Kopf.

In der alten Hafenstadt Borishal verlassen wir den Dampfer und reisen weiter mit dem Geländewagen nach Patharghata, der letzten Kleinstadt vor dem Golf von Bengalen. Immer wieder müssen wir auf kleinen Fähren Flussläufe überqueren. Nahe dem Ufer fallen mir schwimmende Gemüsegärten und sogar kleine Reisfelder auf, errichtet auf einer dicken Schicht aus abgestorbenen Wasserhyazinthen und Reisstroh. Pamela erklärt mir, dass

das eine traditionelle Form der Anpassung in hochwasser-
gefährdeten Gebieten sei. Steigt der Pegelstand, steigen die
Inseln einfach mit. Klug, denke ich. Sehr oft sind innovative Lösungen im traditionellen Wissen verankert. Die
Sonne ist gerade untergegangen und der Muezzin ruft
zum Abendgebet, als wir endlich Patharghata erreichen.
Ich fühle spontan den Grund für ein Abendgebet auch
meinerseits und danke meinem Gott, dass er uns sicher
durch die – wie ich wieder einmal gelernt habe – relativ
unbedeutenden, kleinen Gefahren dieser Reise geleitet hat.

Früh am nächsten Morgen geht es auf schmalen Wegen
weiter per Motorrad. Wir gelangen in eine kleine Hafen-
siedlung, die sich an einen brüchigen Deich klammert.
Im Jahr 2007 traf hier der schwere Zyklon Sidr mit voller

DREI FRAGEN AN FOEZULLAH TALUKDER, Leiter der Klimaabteilung der Christian Commission for Development in Bangladesh (CCDB)

Warum ist Klimaanpassung so ein wichtiges Thema?

Durch den Klimawandel nehmen schwere Stürme zu. Dazu kommen schleichende Veränderungen wie der Meeresspiegelanstieg. Klassische Katastrophen- und Entwicklungshilfe greifen da viel zu kurz. Wir brauchen spezielle Programme, um die Menschen widerstandsfähiger zu machen.

Sie arbeiten seit Jahren daran, Küstendörfer für den Klimawandel zu wappnen. Was ist Ihre wichtigste Erfahrung?

Veränderung gelingt nur, wenn wir die Menschen dazu motivieren können, neue Technologien auszuprobieren. Ohne diese geht es nicht. Und die Menschen müssen als Gemeinschaft Lösungen finden. Individuelle Lösungen gegen den Klimawandel gibt es nicht.

Warum braucht Bangladesch einen Klimapark?

In den letzten zehn Jahren haben wir gelernt, dass zwar alle über Klimawandel reden, dass es aber dennoch große Wissenslücken gibt, wie man Probleme praktisch lösen kann. Dieses Wissen wollen wir der Bevölkerung bereitstellen. Dazu soll der Klimapark als inter-aktives Lernzentrum beitragen.

Wucht auf das Land und kostete vielen Menschen das Leben. Noch heute sind zerstörte Häuser zu sehen. Wir hören, dass viele, die ihr Hab und Gut und ihre Lieben verloren hatten, sich dem Strom zehntausender Sidr-Flüchtlinge in nahegelegene Städte und sogar bis nach Dhaka anschlossen. Sie werden nie mehr zurückkehren, denn das Fleckchen Land am Ufer, das sie ihr Eigen nannten, ist nicht mehr. Den Slums und deren „Straßen" an den Rändern der Städte, wo sie eine neue Heimat finden wollen, hätten sie Namen gegeben, die an die Dörfer und Straßen erinnern, die sie einmal ihre Heimat genannt haben, wird uns berichtet. Wovon sie denn jetzt leben, frage ich. Achselzucken. Von nichts, von Tagelöhnerei. Von Armut in noch größere Armut fallen sie also vermutlich.

Im Hafen liegen Holzdschunken vertäut, viele von ihnen bunt bemalt. Frauen flicken Netze und Männer verkaufen den Fang. Bis zu dreißig Kilometer weit wagen sich die Boote hinaus aufs Meer. Während der Fangzeit von Oktober bis April bleiben die Fischer wochenlang auf dem Meer. Meist verkaufen sie den Fang auf offener See an die Geldverleiher, bei denen sie hoch verschuldet sind, um die Fahrten überhaupt bezahlen zu können. Ein Teufelskreis. Der Klimawandel, erfahre ich, bringt mehr Sturm, häufig rauere See und deutlich höhere Wellen mit sich. Das verringert nicht nur die Überlebenschancen, sondern erhöht auch das wirtschaftliche Risiko: Bei Sturmwarnung müssen die Boote in die Häfen zurückkehren. Zwar funktioniert das Frühwarnsystem heute besser, aber es bleibt der finanzielle Schaden, ein Einkommensverlust, den sich eigentlich keiner dieser Kleinfischer leisten

Cornelia Füllkrug-Weitzel

kann. Die Regierung diskutiert über die Einführung einer Klimarisikoversicherung und über einen Hilfsfonds, der die rund eine Million Fischer in Härtefällen entschädigen soll. Davon hat Gobinda allerdings noch nichts gehört. Seine Erwartungen an den Staat sind sehr begrenzt: Er ist wie die meisten anderen Fischer hier Hindu. Sie stellen in Bangladesch eine Minderheit dar und werden oft sozial marginalisiert. Leicht möglich, dass Kleinfischer wie er auch bei einer solchen Versicherung, wenn sie denn käme, übergangen würden. Gobinda ist da illusionslos und hat eigentlich nur einen Wunsch: Seine Söhne sollen einmal einen anderen Beruf ergreifen.

KLIMAWANDEL UND FRÜHVERHEIRATUNG

Mou, eine Mitarbeiterin unseres Partners, brennt für die Anliegen der Frauen: Sie hat in diesem Dorf eine Studie zum Zusammenhang zwischen früher Verheiratung von Mädchen und dem Klimawandel gemacht, die sie demnächst in New York bei einer Klimakonferenz der Vereinten Nationen vorstellen wird: Die Studie kommt zu dem Ergebnis, dass in besonders stark vom Klimawandel betroffenen Dörfern junge Mädchen ab einem Alter von zwölf Jahren verheiratet werden. Die Lebensverhältnisse sind dort so prekär, dass Eltern eher dazu tendieren, um ihre Versorgung sicherzustellen. Ich bin schockiert, und zugleich getröstet und dankbar, dass unsere Partnerorganisation versucht, dem entgegenzuwirken: Eltern werden über die schweren seelischen und körperlichen Folgen für die betroffenen Mädchen aufgeklärt und gleichzeitig wird ihnen geholfen, die wirtschaftliche Situation

Schutzbauten gegen tropische Wirbelstürme sind entlang von Bangladeschs Küsten überlebenswichtig.

Cornelia Füllkrug-Weitzel

in den Dörfern zu verbessern, damit sie ihre Töchter nicht mehr (an meist viel ältere Männer) verheiraten müssen. Durch Klimaanpassungsmaßnahmen und berufliche Qualifizierungsprogramme werden neue Perspektiven für die Dörfer geschaffen. Ich bin froh, dass es engagierte Menschen wie Mou und ihre Kollegen gibt.

Im nächsten Dorf, dessen Häuser außerhalb des Deiches direkt in Wassernähe liegen und daher im Falle einer Sturmflut unmittelbar und ganz besonders gefährdet wären, treffen wir die Abordnung der Bewohner in einem wuchtigen Schutzbau, der auf Stelzen steht: Das Gebäude, das von Brot für die Welt finanziert wurde, kann im Falle einer Sturmflut bis zu 3.000 Menschen aufnehmen. Entlang von Bangladeschs Küsten, so schätzt Foezullah, fehlen solche Schutzbauten für mehr als die Hälfte der Bevölkerung. Ich würde mir wünschen, dass diese katastrophale Lücke schnell geschlossen wird und dass die Staatengemeinschaft für solche Schutzmaßnahmen endlich ausreichend Geld bereitstellt.

Für mich ist das eine Gerechtigkeitsfrage: Wir haben mit unseren Emissionen dazu beigetragen, dass der Meeresspiegel steigt, und sich häufiger als früher starke Stürme bilden, die Länder wie Bangladesch heimsuchen und dort in großem Maß Tod und Zerstörung bringen, wenn den Leuten nicht geholfen wird, sich den neuen Bedingungen anzupassen und sich in Sicherheit zu bringen. Die eigene Regierung ist aus wirtschaftlicher Kraft nicht in der Lage, das zu finanzieren. Was es mit Menschen macht, die dem Horror plötzlicher Wassermassen schutzlos ausgesetzt sind, weil der nächste Schutzraum zu weit weg ist, um ihn in der gebotenen Geschwindigkeit zu erreichen, bekomme ich vor Augen geführt, als der Dorfvorsteher mich auf einen Mann am Rande der Gruppe hinweist: Ibrahim, einen vor der Zeit gealterten, in sich zusammen gesackten Mann, der während des Zyklons Aila seine gesamte Familie verloren hat. Aila hat im Jahr 2009 weite Teile Bangladeschs verwüstet. Sinnflutartige Regenfälle und hohe Wellen spülten die Deiche auf einer Länge von 1.400 Kilometern weg. 500.000 Häuser wurden zerstört und 190 Menschen verloren ihr Leben. Ibrahim hat versucht, seine Vierjährige und seinen Säugling vor den Wassermassen zu bewahren. Aber die Flut war stärker und hat ihm beide aus den Armen gerissen. Wie seine Frau wurden sie nie wieder gesehen. Seitdem spricht er kein Wort mehr, starrt nur noch vor sich hin oder weint. Das Trauma hat ihn im Griff und beraubt ihn jeder Fähigkeit, sich selbst wieder als handlungsfähig zu begreifen. Was heißt das für die Fähigkeit zu Selbsthilfe, die Selbstwirksamkeit von Dorfgemeinschaften, auf die wir im Entwicklungsprozess setzen, wenn immer mehr Menschen durch schlagartige Klimakatastrophen betroffen sind?

Geld und genug Ausgebildete für Traumatherapie gibt es in Bangladesch nicht. Bei uns wäre der Mann schon längst in Behandlung. Auch das gehört zur Ungerechtigkeit: Dass die Verursacherstaaten des Klimawandels nicht genug Geld zur Beseitigung materieller Schäden zur Verfügung stellen und sich nicht genügend um Schadensprävention und um Hilfe für die Opfer kümmern.

Im Schutzzentrum, das in ruhigen Zeiten zugleich auch als Gemeindezentrum dient, erläutert mir Abid, der

Dorfvorsteher, dass durch den schleichenden Anstieg des Meeresspiegels und die höheren Pegelstände bei Sturmflut immer mehr Salzwasser durch die Flüsse stromaufwärts ins Land getrieben wird und ins Grundwasser gelangt. Auch eine Folge des Klimawandels. Weil zudem die höheren Temperaturen die Verdunstung befördern, reichert sich das Salz in den Böden an und die Ernteerträge sinken.

Durch die Einführung salztoleranterer Reissorten sowie die Umstellung auf widerstandsfähigere Nutzpflanzen wie Sonnenblumen – unter anderem unterstützt von unseren Partnerorganisationen – wird zwar versucht, dem entgegenzuwirken. Dennoch wandern immer mehr Menschen ab. Der Klimawandel lässt ihnen keine andere Wahl. Zurück bleiben vor allem Frauen, Kinder und alte Menschen – diejenigen also, die keine realistische Chance auf dem Arbeitsmarkt der Städte haben.

Mou führt mich mit zu einer Gruppe von Frauen, die mit mir sprechen und mir danken möchten. Stolz zeigen sie mir ihre neue Regenwassersammelanlage, finanziert aus Spendenmitteln von Brot für die Welt: Mitten im Dorf zapfen sie hier jetzt täglich genügend frisches und aufbereitetes Trinkwasser in ihre Krüge. Trinkwasserleitungen, eine öffentliche Wasserversorgung gab es in diesem armen Landesteil noch nie. Schon immer mussten die Frauen und Mädchen oft zweimal täglich vier Kilometer zum nächsten Brunnen laufen. Durch die klimabedingte Versalzung des Grundwassers ist die Versorgung noch schwieriger geworden. Wenn Wasser knapp ist, waschen sich die Menschen mit Meeressalzwasser – mit schwerwiegenden gesundheitlichen Folgen. Haut- und Unterleibserkrankungen nehmen bei Frauen deshalb stark zu, berichtet mir Pamela, von der Unmöglichkeit der Trinkwasserversorgung ganz zu schweigen. Neben Regenwassersammelanlagen kommen verstärkt solarbetriebene Umkehrosmose-Filter zum Einsatz, die Brackwasser in Trinkwasser verwandeln – für die Frauen in vielfacher Hinsicht ein Riesengewinn. Auch das fällt unter Klimaanpassung. Ich nehme mir vor, mit Abgeordneten des Deutschen Bundestages hierher zurückzukehren, damit sie aus erster Hand erfahren, wie wichtig es ist, dass Deutschland armen Ländern wie Bangladesch mehr Mittel für die Klimaanpassung zur Verfügung stellt.

GEFÄHRLICHES LEBEN IN DEN SUNDERBANS

Zurück geht es mit dem Motorrad auf der schmalen Deichkrone, Ziegen, Hühner und Kleinkinder umschiffend. In Patharghata steigen wir um ins Auto und fahren auf schmalen Straßen, viele Flüsse per Fähre querend, nach Westen in die Sunderbans, die größten Mangrovenwälder der Erde und nächstes Ziel unserer Reise.

Munshigonj liegt am Rande der Sunderbans, unweit der indischen Grenze. Unser lokaler Partner betreibt hier ein Ambulanzboot und fährt entlegene Dörfer an, um dort wenigstens eine medizinische Basisversorgung zu gewährleisten. Heute fahren wir zu den „Tigerwitwen".

Die Sunderbans sind ein Schutzgebiet. Dennoch leben rund 500.000 Menschen an dessen Rändern als Fischer, Wildhonigsammler oder Holzfäller. Ihren Lebensunterhalt verdienen sie in den ausgedehnten Mangrovenwäldern. Das ist gefährlich, weil man dort auf Piraten, Schmuggler und Tiger treffen kann. Die Mangroven sind der letzte

Cornelia Füllkrug-Weitzel

Bild oben: Trinkwasserversorgung mit solarbetriebenem Umkehr-Osmose-Filter, der Brackwasser in Trinkwasser verwandelt.
Bild unten: Frauen und Mädchen legen täglich viele Kilometer für Trinkwasser zurück.

größere Rückzugsraum für rund hundert vom Aussterben bedrohte Bengalische Königstiger. Bedrängt in ihrem Lebensraum fallen sie immer häufiger Menschen an. Pro Woche gibt es etwa einen Zwischenfall, die meisten davon verlaufen tödlich für die Menschen. Es ist archaisch und schwer zu begreifen, dass Frauen, deren Männer dem Tiger zum Opfer fallen, aus der Gemeinschaft ausgestoßen werden und ihre Dörfer verlassen müssen. Der Aberglaube besagt, dass die Männer vom Tiger gerissen wurden, weil ihre Frauen sich „schuldig" gemacht, „Böses" getan hätten. Die Opfer werden zu Tätern erklärt. Statt ihnen Schutz und Versorgung zu bieten, wird ihnen das nun in besonderer Weise versagt. Nicht einmal einen Job will ihnen jemand geben.

Die Tigerwitwen leben mit ihren Kindern abgeschieden und unter den allererbärmlichsten Verhältnissen, marginalisiert und traumatisiert. Weil der Boden hier zu versalzen ist, um etwas anzubauen und sie keine Anstellung finden, treibt die Not viele der Frauen selbst – im Unterschied zu den Männern aber sogar ohne Bewaffnung gegen Tiger, Schlangen etc. – tief in die Sunderbans, die Mangrovenwälder, wo sie Honig sammeln oder Shrimps fischen. Ihre Kinder bleiben solange allein. Unser Partner hat begonnen, die Frauen zu Näherinnen auszubilden. Sie bekommen nach erfolgreich bestandenem Kurs ein kleines Startkapital und können dann in Heimarbeit Decken nähen, die die Organisation vertreibt. Das Schicksal der Frauen bewegt mich zutiefst: Ihre in der Gesellschaft Bangladeschs ohnehin sehr schwache soziale Stellung wird durch die Umstände, die der Klimawandel ihren

Familien aufzwingt, ganz dramatisch. Ein weiteres Mal während dieser Reise denke ich: als litten Millionen Menschen in Bangladesch nicht schon ohnehin massiv an Armut, Hunger, Marginalisierung und Ungerechtigkeit! Der Klimawandel macht es gerade ihnen, den Ärmsten und Rechtlosesten, noch viel schwerer, ein Leben in Würde führen zu können. Ich wünsche diesen zutiefst verzweifelten Frauen von Herzen, dass dieses Projekt erfolgreich ist.

Als wir das Ambulanzboot besteigen und dabei den viel zu niedrigen und kümmerlichen Damm aus nackter Erde überqueren, der an zahlreichen Stellen notdürftig mit ein paar Plastikplanen bedeckt ist, um ein Aufweichen bei Regen zu verhindern, wird mir einmal mehr bewusst, wie verletzbar die Menschen hier gegen die Unbill des Klimawandels sind und wie absolut unzulänglich geschützt sie sind. Was wird passieren, frage ich mich, wenn wieder eine Sturmflut diesen Deich trifft? Wir müssen viel mehr tun und den Klimawandel endlich entschieden eindämmen. Ich finde, das sind wir den Tigerwitwen, das sind wir Ibrahim und allen, denen es so geht wie ihnen, schuldig.

WISSENSLÜCKEN SCHLIESSEN

Zurück in Dhaka geht es weiter nach Sreepur, der letzten Station meiner Reise. Ich bin nun sehr auf den „Klimapark" gespannt, den unser Partner baut, um zu zeigen, welche lokal angepassten und relativ preiswerten Lösungen im Kampf gegen den Klimawandel möglich sind. Der Klimapark ist ein schön gelegener, mehrere Hektar großer Landschaftspark, in dem die wichtigsten Landschaften Bangladeschs nachgebildet werden. Besucher aus den unterschiedlichen

Solange
keine Sturmflut
kommt hält der
Damm. Doch der
Klimawandel
bedroht viele
Lebensräume in
Bangladesch.

Landesteile können hier verstehen lernen, wie der Klimawandel sich bei ihnen auswirkt oder in Zukunft auswirken wird und welche Lösungen in ihrer Region möglich sind, um sich gegen das Schlimmste zu wappnen und an die geänderten Bedingungen anzupassen. Hier können sie auch lernen, was sie tun können und müssen, damit sie nicht selbst zum Klimawandel beitragen. 80 Technologien werden vorgeführt, die fast allesamt in armen ländlichen Gemeinden, wie die, die ich besucht habe, einsetzbar sind: Sturmfeste Häuser, solarbetriebene Bewässerungssysteme, salzresistente Reissorten, schwimmende Gärten, brennholzsparende Öfen, Biogasanlagen und vieles mehr. Das Schulungszentrum, das gerade gebaut wird, soll eines der nachhaltigsten und energieeffizientesten Gebäude des

Cornelia Füllkrug-Weitzel

Landes werden, ein Vorbild. Die Wetterstation versorgt die umliegenden Gemeinden mit aktuellen Informationen. Das kleine Waldgebiet soll zu einem Biodiversitätszentrum des Landes werden und entlang des Flusslaufs entsteht ein artenreicher Wassergarten. Auf dem angrenzenden Campus sollen in einem weiteren Bauabschnitt Unterkünfte entstehen, so dass hier künftig Gastwissenschaftler dabei mitwirken können, innovative Anpassungstechnologien zu entwickeln. Regelmäßig werden Fortbildungen und Fachtagungen stattfinden können. Der Enthusiasmus des jungen Park-Teams steckt mich an und ich bin begeistert, wie hart hier an Lösungen gearbeitet wird, die am Ende den Menschen zugutekommen werden, die ich bei meiner Reise kennengelernt habe. Der Klimawandel stellt dieses Land vor große Herausforderungen. Aber die Menschen geben nicht auf, sondern arbeiten an Lösungen für Probleme, an deren Verursachung sie kaum beteiligt sind. Dafür verdienen sie unseren Respekt und unsere volle Unterstützung.

Brot für die Welt und die Diakonie Katastrophenhilfe unterstützen Partnerorganisationen in Bangladesch seit den 1970er Jahren. Nach den Zyklonen Sidr (2007) und Aila (2009) wurde Katastrophenhilfe geleistet. Als Konsequenz aus diesen Katastrophen wird seitdem verstärkt in Klimarisikoprävention und Klimaanpassung investiert. Die Förderung von gemeindebasierten Klimaresilienz-Projekten und der Klimapark sind wichtige Pilotprojekte, deren Bedeutung über Bangladesch hinausreicht.

Sabine Minninger

Wenn Tuvalu sicher ist, dann ist die Welt sicher

EINE REISEREPORTAGE AUS DEM SÜDPAZIFISCHEN INSELSTAAT TUVALU

Mitten im Pazifik, wo Meer und Himmel nahtlos ineinander übergehen, ragen beim Anflug schmale grün-sandige Ringe aus dem paradiesischen Blau – der Inselstaat Tuvalu. Bei meinem zweiten Besuch von Tuvalu begleiten mich der Meteorologe und ARD-Wettermoderator Sven Plöger und ein Journalist. Sven Plöger möchte auf die Verletzlichkeit der kleinen Inselstaaten im Pazifik aufmerksam machen und sich ein Bild vor Ort machen. Nur dreimal pro Woche landet ein Flugzeug auf dem Flughafen des Hauptatolls Funafuti. Die Landebahn dient ansonsten als öffentlicher Sportplatz. Jeden Abend treffen sich die Menschen dort zum Fußball- oder Volleyballspielen, zum Rad- oder Mopedfahren.

Tuvalu ist flächenmäßig der viertkleinste Staat der Erde, wegen Platzmangel wird daher auch die Landebahn in Beschlag genommen für Freizeitaktivitäten. Außerdem gehört es weltweit zu den Staaten, die am stärksten durch die Folgen des Klimawandels bedroht sind. Besonders der Anstieg des Meerwasserspiegels, verbunden mit höheren Wellen und mehr Sturmfluten, bedrohen den südpazifischen Inselstaat in seiner Existenz. Das Staatsgebiet umfasst nur 26 km² Fläche. Im Durchschnitt liegt das Land lediglich zwei Meter über dem Meeresspiegel, der höchste Punkt liegt nur vier Meter über dem Meeresspiegel. Zum

Sabine Minninger (geboren 1976) ist Referentin für Klimapolitik bei Brot für die Welt mit dem Schwerpunkt Klimawandel und Entwicklungsfragen. Zusammen mit Partnern aus dem Globalen Süden verfolgt sie seit 2008 den Prozess der Klimaschutzverhandlungen. Gemeinsam fordern sie Klimagerechtigkeit für die ärmsten und verletzlichsten Bevölkerungsgruppen. Den Inselstaat Tuvalu hat sie in den letzten Jahren bereits zwei Mal besucht. Von 2004–2012 war sie als Beraterin von Partnerorganisationen des Evangelischen Entwicklungsdienstes in Südostasien und Südpazifik tätig. Sabine Minninger hat Geografie in Trier und im schottischen Glasgow studiert.

Vergleich: Der schlimmste tropische Wirbelsturm der letzten Jahre, Zyklon Pam, hat im Jahr 2005 sechs Meter hohe Flutwellen mit sich gebracht, die das Land komplett überschwemmten. Wir wollen wissen, wie Tuvalu mit solchen Katastrophen umgeht und wie die Menschen sich vor dem fortschreitenden Klimawandel angemessen schützen können. Der regionale Pazifische Kirchenrat der Mitgliedskirche in Tuvalu, unsere Partnerorganisation, hat einige Termine und Besuche organisiert, damit wir mit möglichst vielen Menschen ins Gespräch kommen. Im Regierungsgebäude empfängt uns der Finanzminister und stellvertretende Premierminister von Tuvalu, Maatia Toafa.

Der Blick aus dem Fenster seines Büros führt direkt zu der paradiesischen Lagune, die unberührt von den Problemen scheint, über die wir mit Taofa reden möchten. Der Minister ist sich bewusst, welches Glück sein Land hatte, dass Zyklon Pam keine Menschenleben gefordert hat. Das sei, so Toafa, der sehr guten Katastrophenvorsorge zu verdanken gewesen. Man konnte die Bevölkerung rechtzeitig warnen.

Insgesamt hat Zyklon Pam in Tuvalu einen Schaden von rund 60 Millionen Euro verursacht. Die internationale Spendengemeinschaft sei nach der Katastrophe unerwartet sparsam in der Unterstützung des kleinen Inselstaates gewesen, betont Toafa im Gespräch. So habe die Hilfe nicht gereicht, um schnell wieder auf die Beine zu kommen. Der Staat hat daraus gelernt und im Jahr 2015 einen kleinen Katastrophenfond gegründet, den „Tuvalu Survival Fund", der mit gut drei Millionen Euro ausgestattet ist und im Falle einer nationalen Katastrophe umgehend genutzt werden kann. Die international geförderten Klimarisikoversicherungen, die auch Deutschland mitfinanziert, hält der Finanzminister bis dato nicht für geeignet, da die Versicherungskosten viel zu hoch seien. Solange die jährliche Beitragssumme nicht gesenkt würde, könne Tuvalu sich solch eine Versicherung nicht leisten. Das sei bedauerlich, denn der Finanzminister ist von der extrem schnellen Hilfeleistung der Versicherungen beeindruckt. So hätte zum Beispiel der Inselstaat Vanuatu nach Zyklon Pam innerhalb weniger Tage die Versicherungsleistung erhalten.

Toafa hofft, dass die internationale Staatengemeinschaft ihr Versprechen einhält und Finanzmittel für die ärmsten und verletzlichsten Staaten bereitstellt. Sobald die Versicherungsbeiträge gesenkt würden, sei ein Mix aus Versicherungen und der Bereitstellung von internationaler Klimafinanzierung eine gute Absicherung für Tuvalu: Die Klimafinanzierung zur Vorsorge als Katastrophenprävention und die Versicherungen zur Nachsorge im Katastrophenfall.

SANDSÄCKE UND ZEMENT SCHÜTZEN DIE KÜSTEN

Hilfsmittel würden vor allem für Anpassungsmaßnahmen an den Meeresspiegelanstieg eingesetzt. Sandsäcke und künstliche Zementbarrieren gibt es bereits, um die Küsten vor der Erosion durch die Gezeiten zu schützen. Gleichzeitig wird Neuland geschaffen und werden Siedlungsflächen höher gelegt, wofür Sand vom Grund der Lagune gefördert wird. Überall auf den Atollen finden sich nun Sandhügel, auf denen gebaut wird.

Weitere Projekte für den Schutz des Staates sind geplant und auch dringend notwendig, um das Leben der

Menschen zu schützen. Ein Projekt zum Küstenschutz mit einem Budget von 36 Millionen Dollar wurde gerade von der internationalen Staatengemeinschaft genehmigt. Aktuell laufen Konsultationen über den Einsatz unterschiedlicher Technologien, um sich an den Meeresspiegelanstieg anzupassen. Die momentan teuerste Variante wäre eine japanische Technologie, bei dem Zementblöcke, die als Wellenbrecher dienen, vor die Küste gesetzt werden. Ob diese Anpassungsmaßnahme negative Auswirkungen auf das fragile Ökosystem haben kann, wird noch untersucht.

Wäre es angesichts des hohen Aufwands nicht auch eine Überlegung, einen Umsiedlungsprozess anzugehen, wie ihn der benachbarte Inselstaat Kiribati bereits plant?

Sabine Minninger

„Auf gar keinen Fall siedeln wir um", so Toafa. „Wenn der Staat Tuvalu untergeht, dann gehen wir mit Tuvalu unter. Es wird anderswo kein zweites Tuvalu geben. Was Tuvalu ausmacht, ist das Land, sind die Menschen, die Kultur und die Sprache – das lässt sich nicht umsiedeln". Seine Entschlossenheit erklärt der Finanzminister mit dem tief verwurzelten Glauben der Bevölkerung: „Wir glauben, dass Gott uns helfen wird. Natürlich müssen wir aber auch unseren eigenen Beitrag leisten. Das bedeutet, dass wir das Pariser Klimaabkommen zügig umsetzen und die globale Erwärmung auf unter 1,5 Grad Celsius begrenzen helfen. Tuvalu wird also einerseits seine ohnehin geringen Treibhausgasemissionen reduzieren und sich gleichzeitig an den Klimawandel anpassen."

Auch wenn Toafa kollektive Migration vehement ablehnt, so unterstützt die Regierung von Tuvalu individuelle Umsiedlungsbemühungen: „Wir unterstützen jeden, der gehen will. Diese Entscheidung muss jeder für sich selbst treffen. Als Regierung werden wir aber kein neues Staatsgebiet suchen." Aber wäre es nicht besser, wenn alle geschlossen umsiedeln, statt individuell und zerstreut in aller Welt eine neue Heimat zu suchen? „Im Moment ziehen wir die Diaspora vor, denn wir sind nicht bereit, Tuvalu aufzugeben", so der Finanzminister. „Es wäre das falsche Signal an die internationale Staatengemeinschaft, dass sie sich für Tuvalu nicht mehr anstrengen muss – denn dann müsste sie sich auch für die Welt als Ganzes nicht mehr anstrengen. Tuvalu zu schützen, bedeutet den Planeten zu schützen."

MIGRATION BLEIBT EINE INDIVIDUELLE ENTSCHEIDUNG

Der Premierminister Enele S. Sopoaga empfängt uns gut gelaunt, das Gipfeltreffen der „Polynesian Leaders" ist gerade vorbei. Er sitzt entspannt im Sessel vor dem Restaurant neben dem Regierungsgebäude. Der Inselstaat hat sehr aufwendig eine Landgewinnungsmaßnahme vor dem Regierungsgebäude durchgeführt, dabei wurde Sand aus der Lagune gepumpt und mit Sandsäcken und Gesteinsbrocken befestigt, so dass zumindest das Regierungsgebäude gegen den Meeresspiegelanstieg besser geschützt wird und natürlich auch neue Landmasse entsteht für eine kleine staatlich finanzierte Hotel- und Restaurantanlage. Die gute Laune verfliegt sofort, als wir wissen wollen, was getan werden muss, um Tuvalu zu retten. Ziel müsse es sein, die globale Erwärmung auf höchstens 1,5 Grad Celsius zu begrenzen und Tuvalu gleichzeitig besser an den Klimawandel anzupassen, bestätigt er die Position, die alle in Tuvalu vertreten, mit besorgten Stirnfalten. Die Existenz Tuvalus sei davon abhängig. Tuvalu müsse gerettet werden, an ein Aufgeben sei nicht zu denken. Maßnahmen wie die Landgewinnung und die Investitionen in die kleine Hotelanlage sollen auch deutliche Signale für die Bevölkerung sein, dass die Regierung nicht daran denkt aufzugeben. Gleichzeitig sei es allerdings wichtig, eine völkerrechtlich verbriefte Absicherung für diejenigen Menschen zu schaffen, die aufgrund des Klimawandels keine andere Wahl haben, als ihre Heimat zu verlassen. Für diese Menschen müsse die internationale Staatengemeinschaft gerechte Lösungen finden. Aber eine Migration bliebe eine individuelle Entscheidung. Jeder, der Migrationspläne habe, solle dabei unterstützt werden.

Bikenibeu Paeniu ist seit 1990 bereits dreimal zum Staatsoberhaupt des Landes gewählt worden und leitet ein Projekt der Wirtschafts- und Sozialkommission der Vereinten Nationen für Asien und den Pazifik zu Migration und Klimawandel im Pazifik. Auch er fordert eine internationale Konvention, welche den Betroffenen des Klimawandels das Recht zur Migration einräumt. Ob man letztendlich aber umsiedeln möchte oder nicht, bliebe eine individuelle Entscheidung. Das bilaterale Migrationsabkommen mit Neuseeland, das oft angeführt wird, greift seiner Ansicht nach viel zu kurz. Nur Menschen unter vierzig, die gut ausgebildet seien und zudem einen ausgezeichneten Gesundheitszustand hätten, dürften nach Neuseeland umsiedeln. Diabetes oder ein hoher Blutdruck seien bereits ausreichend, einen Einwanderungsantrag abzulehnen. Tuvalu bereitet seine Bevölkerung auf die Auswanderung mithilfe staatlich geförderter Gesundheits- und Bildungsprogramme vor, damit Auswanderungs- willige Chancen auf ein neues Leben in einer zweiten Heimat hätten.

VERLUST DER HEIMAT IST EINE TRAGÖDIE

Unser Gastgeber und Betreuer vor Ort, Pastor Lusama Ta- fue von der Kirche Tuvalus, sieht dabei große Schwierig- keiten. Er zweifelt daran, dass es überhaupt so etwas wie „Migration in Würde" geben könne, wie vom ehemaligen Präsidenten von Kiribati, Anote Tong, propagiert. „Das Konzept einer Migration in Würde gibt es nicht. Die Men- schen sind vom Klimawandel gezwungen, ihre Heimat zu verlassen, das kann man nicht würdevoll gestalten", sagt Tafue und fügt hinzu, dass klimabedingte Migration eine individuelle Tragödie und katastrophale Belastung für alle Betroffenen sei. „Wir müssen aber dafür sorgen, dass über das Völkerrecht zumindest eine rechtliche Absicherung der Betroffenen erfolgt, denn wir wollen auf gar keinen Fall zu rechtlosen Klimaflüchtlingen werden", so Tafue weiter.

Für den schlimmsten Fall, dass die Einwohner von Tu- valu ihre Heimat verlieren, wäre eine Umsiedlung inner- halb des Südpazifiks am ehesten denkbar. Gestützt durch internationales Völkerrecht und finanziert durch die Industrieländer, die den Klimawandel verursacht haben.

Dorfvorsteher
Sailosi Ramatu
steht auf den Grund-
mauern seines alten
Hauses im alten
Dorfes Vunidogoloa
auf den Fidschis.
Weil der Meeres-
spiegel steigt,
musste die Siedlung
als erstes Dorf
der Welt komplett
umgesiedelt
werden.

Laut Tafue will die Mehrheit jedoch nicht weg: „Sie wollen ihre Heimat nicht zurücklassen!"

Die 13-jährige Fialupe Solomona und ihre beiden gleichaltrigen Freundinnen Velma O`Brien und Raijeli Isala können sich ein Leben außerhalb von Tuvalu nicht vorstellen – vor allem nicht mit dem Wissen, dass sie nicht mehr zurückkehren können, wenn ihre Heimat unbewohnbar werden würde. Dabei haben die Freundinnen Auslandserfahrung: Fialupe wurde in Australien geboren. Velma hat sechs Jahre lang in Neuseeland gelebt. Sie sind sehr stolz darauf, Tuvaluanerinnen zu sein. Einen Vorteil versprechen sie sich nicht davon, nach Neuseeland oder Australien umzusiedeln. Vor allem möchten sie nicht ihre Sprache verlieren.

Einen ganzen Tag verbringen wir auf einem Nebenatoll von Funafuti, der sich Funafala Atoll nennt. Mit genügend Wasser und Keksen ausgestattet fahren wir mit einem kleinen Boot durch die Lagune zu dem kleinen Atoll. Die Landschaft gleicht perfekten, paradiesischen Bildern von Südseepostern: Einsame kleine Atolle, weißer Sand und Palmen, von Umweltbelastungen wie Verschmutzung der Ozeane oder den Klimawandel kann man nichts sehen. Aber das Auge sieht nicht das Ausmaß der Katastrophe, was bereits jetzt Atollbewohnern wie Paeniu Lopati das Leben schwer macht.

Der 28 Jahre alte Seemann braucht keine Wissenschaft, um die Folgen des Klimawandels zu verstehen: Bereits zwei Nachbaratolle sind dem Klimawandel zum Opfer gefallen und im Ozean versunken, Vasafua und Pukasavilivili. Jetzt nagt die Erosion an dem Atoll, das er zusammen mit fünf Familien bewohnt. Auch die schrittweise Bleiche und Zerstörung der Korallen sowie der Rückgang der Fischbestände gehen für ihn ganz klar auf das Konto des Klimawandels. Aber an Aufgeben sei nicht denken, so Lopati kämpferisch: Wenn der Klimawandel nicht eingedämmt wird, habe Tuvalu noch zirka 50 Jahre bis zur Unbewohnbarkeit. Jede einzelne Minute will er bis dahin in seinem Paradies genießen.

An diesem Abend wird der mitgereiste Journalist Philipp Hedemann auf der Terrasse unseres kleinen Gästehauses auf dem Atoll Funafuti Sven Plöger und mich zu den Eindrücken der letzten Tage in Tuvalu interviewen. Wir sind betrübt und dann auch wieder motiviert durch die Begegnungen mit mutigen und kämpferischen Men-

schen, die ihre Heimat nicht aufgeben möchten. Das hat uns sehr beeindruckt.

Unter der Überschrift „Der Anfang vom Ende der Welt: Die Atolle von Tuvalu drohen im Ozean zu versinken" wird Hedemann die Geschichte von Tuvalu in zahlreiche deutsche Tageszeitungen bringen und auf die Gefahren des Klimawandels aufmerksam machen. Ein paar Wochen später wird der 1,5 Grad Bericht des Weltklimarates veröffentlicht, im Oktober 2018. Der Bericht bestätigt, was Premierminister Enele S. Sopoaga nicht müde wird zu wiederholen: Wenn Tuvalu sicher ist, dann ist die Welt sicher. Wir müssen den Klimawandel so stark bekämpfen, dass Tuvalu weiterhin existiert, nur dann können wir sichergehen, dass auch der Rest der Welt und zukünftige Generationen ein Leben in Würde führen können.

Cornelia Füllkrug-Weitzel

Klima-
wandel
verschärft
Hunger

**EINE REISEREPORTAGE
AUS ÄTHIOPIEN**

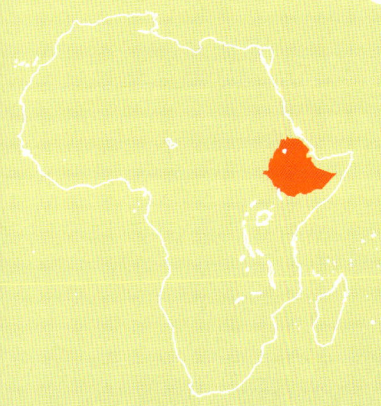

n langen Gewändern und auf ihre Hirtenstäbe gestützt stehen die Männer am Wegesrand, inmitten
ihrer Ziegenherden. Wettergegerbte Gesichter richten
sich auf uns, als wir die Passhöhe erreichen. Ayalew,
der Dorfvorsteher des Weilers Chulkie, tritt vor und be-
grüßt uns. Steile, nahezu kahle Berghänge und schroffe
Gipfel, fast 4.000 Meter hoch, umgeben uns. Der Wind
bläst Nebelschwaden den Pass hinauf und mich fröstelt.
Welch ein Wechsel: Noch am frühen Vormittag hatten wir bei sengenden Temperaturen in einer wüsten-
artigen Savannenlandschaft Kamelkarawanen passiert,
bevor es steil hinaufging – zunächst ins abessinische
Hochland, vorbei an Dese, einer der großen Städte der
Region Amhara im Norden Zentraläthiopiens, und dann
immer weiter hinauf in die Berge. Eine archaische, bib-
lisch anmutende Kulturlandschaft ist das, denke ich.
Das Christentum reicht in Äthiopien bis weit zurück ins
4. Jahrhundert, viele hundert orthodoxe Klöster und
Felsenkirchen zeugen davon.

Äthiopien am Horn von Afrika, Wiege der Menschheit, einer der ältesten Staaten der Erde und zugleich
eine der Regionen mit der größten biologischen Artenvielfalt, ist dieses Mal mein Reiseziel. Das Land vereint
ungewöhnlich viele Naturzonen auf sich: Äquatorialer
Regenwald und feuchte Savannen im Südwesten,
Wüsten im Osten, Hochplateaus und ein zerklüftetes
Bergland im Zentrum, schließlich der afrikanische
Grabenbruch mit seinen Flüssen und Seen. Die vertikale
Spanne reicht von 126 Meter unter dem Meeresspiegel
in der Kobar-Senke bis hinauf in die eisigen Höhen

Den Dürren sind in den letzten Jahren in Äthiopien große Viehbestände zum Opfer gefallen.

des 4.620 Meter hohen Ras Dajen. So vielfältig wie die Landschaften, so bunt ist auch die ethnisch-kulturelle und sprachliche Vielfalt dieses Vielvölkerstaates, der mit über hundert Millionen zumeist sehr jungen Menschen in Afrika in der Bevölkerungszahl nur von Nigeria übertroffen wird.

Ich kenne Äthiopien von vorausgegangenen Besuchen bei vielen Partnern von Brot für die Welt und der Diakonie Katastrophenhilfe. Dieses Mal aber bin ich hier auf Spurensuche nach den Folgen des Klimawandels. Ziel meiner Reise sind verstreut liegende bäuerliche Gemeinden im Legambo-Distrikt zwischen 2.700 und 3.700 Meter Höhe. Ich werde begleitet von Endeshaw Kassa, der hier seit einigen Jahren ein sogenanntes Leuchtturmprojekt ge-

Cornelia Füllkrug-Weitzel

gen den Klimawandel leitet, von dem ich einiges gehört, es bislang aber noch nicht besucht habe.

Chulkie sei sehr arm, so stellt der Dorfvorsteher Ayalew sein Dorf vor. Die Einkommen liegen weit unter dem ohnehin sehr niedrigen jährlichen Pro-Kopf-Einkommen Äthiopiens von rund 850 US-Dollar. Die Lebensbedingungen verschlechtern sich kontinuierlich. „In Äthiopien ist der Anteil der Bevölkerung, der in extremer Armut lebt, seit der Jahrtausendwende von 55 auf unter 30 Prozent gefallen. In unserem Dorf hingegen ist fast jede Familie für vier bis sechs Monate im Jahr auf staatliche Hilfe oder Unterstützung durch Nichtregierungsorganisationen angewiesen", präzisiert Assen, der Dorflehrer. Ein alarmierender Trend.

DREI FRAGEN AN ENDESHAW KASSA, Koordinator des Klimawandel-Leuchtturmprojektes der Ethiopian Evangelical Church Mekane Yesus – Development and Social Services Commission

Was braucht es, um mit Menschen zu arbeiten, die unter sehr fragilen Umständen leben und höchst verletzbar gegenüber dem Klimawandel sind?
Du musst immer den Menschen in den Mittelpunkt stellen, ihn und seine Beweggründe verstehen. Interesse und Wertschätzung sind unabdingbar. Das schafft die gegenseitige Vertrauensbasis, die man braucht, um jemanden davon zu überzeugen, sich auf etwas Neues einzulassen und manche Dinge anders zu machen. Schließlich geht es sehr häufig um existenzentscheidende Fragen. Wenn es dir gelingt, Vertrauen aufzubauen, hast du in diesen Menschen sehr verlässliche Partner.

Warum legen Sie so großen Wert auf ausführliche Klimarisikoanalysen?
Eine gute und umfassende Diagnose ist doch immer die Voraussetzung für eine erfolgreiche Therapie! Du musst das lokale Klima und seine Risiken, auch die künftigen, gut einschätzen können und die Wirkungsketten verstehen. Darüber hinaus ist es wichtig, die Ressourcen der Menschen zu kennen. Dabei geht es nicht nur um deren Probleme und Limitierungen, sondern auch ihre Fähigkeiten und Potenziale. Wenn du das alles gemeinsam mit den Betroffenen erhebst, schärfst du zugleich deren Bewusstsein und schaffst ein gemeinsames Grundverständnis für die Risiken und wie man sie mindern kann.

Was planen Sie für die Zukunft?
Ich möchte die Arbeit in den Orten, in denen ich im Jahr 2011 begonnen habe, erfolgreich zu Ende bringen, so dass sie danach den weiteren Weg allein beschreiten können. Dann möchte ich dazu beitragen, unsere Erfahrungen an möglichst viele weiterzugeben und unser Pilotprojekt zu multiplizieren. Dafür wünsche ich mir strategische Weitsicht und einen langen Atem bei meinen Kooperationspartnern. Wir denken oft zu kurzfristig in unserer schnelllebigen Zeit.

TEUFELSKREIS AUS DÜRRE UND HUNGER

„Können Sie sich vorstellen, was es heißt, die Anzahl der täglichen Mahlzeiten über Monate hinweg von drei auf zwei oder auch nur eine reduzieren zu müssen?", fragt mich Zinet, eine junge Mutter. „Ich halte die erwartungsvollen Blicke der Kinder zur Essenszeit kaum aus, wenn ich weiß, dass das Essen wieder mal ausfallen muss, ich nichts gegen ihren Hunger tun kann!" Früher habe man sich im Dorf gegenseitig geholfen, so dass irgendwie immer genug für alle dagewesen sei. Heute aber denke jede Familie nur noch an sich. „Schuld daran ist der Klimawandel. Zu viele Dürren hintereinander und Regen immerzu zur falschen Zeit – da bleibt von dem bisschen Ernte nichts übrig, um es mit anderen zu teilen. Ich habe den Armen im Dorf immer etwas abgegeben, aber jetzt sind wir alle arm!"

Das entspricht dem, was mir kurz vor meiner Reise hierher in den Legambo-Distrikt die Repräsentantin des Lutherischen Weltbundes in Äthiopien erzählt hat: Früher traten Dürren ungefähr im Rhythmus der biblischen fünf bis sieben Jahre auf, mittlerweile bereits alle zwei bis drei Jahre, Tendenz steigend. Von den dicht aufeinander folgenden Dürren in den Jahren 2015/16 und 2017/18 waren 18,5 Millionen Menschen betroffen. Damit benötigen nahezu ein Fünftel der Bevölkerung Nahrungsmittelhilfe – eine gigantische humanitäre Herausforderung. Auf der Suche nach Nahrung lassen viele Menschen alles zurück und fliehen in eines der großen Flüchtlingslager. Dort leben bereits rund 660.000 Flüchtlinge aus den von Bürgerkrieg, Terror und Willkür heimgesuchten Nachbarländern Somalia, Süd-Sudan, Sudan und Eritrea, viele von ihnen schon seit Jahren. Diese Klimaflüchtlinge aus dem Legambo-Disktrikt vergrößern das Heer von Menschen, denen das Recht auf ein selbstbestimmtes Leben genommen wird. Dauerhafte Abhängigkeit wird ihr Schicksal. Wenn der Klimawandel die ohnehin schon bestehenden Konflikte um knappe Ressourcen in Äthiopien weiter anheizt, wird das weitere Flüchtlingsbewegungen auslösen. Werden Europas Regierungen dann darauf insistieren, dass sie alle in Lagern festgehalten und über Jahrzehnte „gefüttert" werden, wenn es kein Zurück mehr zu ihrem alten Zuhause gibt, das der Klimawandel zerstört hat, damit sie bloß nicht irgendeine Grenze überschreiten? Nennt man das eine kohärente, weitsichtige und nachhaltige Politik: keine Flüchtlinge wollen, aber sich zugleich weigern, die Erderwärmung auf 1,5 Grad zu begrenzen und keine ausreichenden, ja, nicht einmal die zugesagten Finanzmittel für Anpassungsmaßnahmen bereitzustellen? Noch immer weigern sich die Industrienationen anzuerkennen, dass es Klimaflüchtlinge gibt und sie angemessenen Rechtsschutz und Zukunftsperspektiven brauchen.

In Chulkie, ebenso wie in den Nachbardörfern, leben fast alle Menschen von Viehzucht und Ackerbau. Deshalb sind sie dringend auf ausreichende Niederschläge während der Regenzeiten angewiesen. Dass der Regen nicht mehr verlässlich eintritt und manchmal ganz ausbleibt, ist hier die bedrohlichste klimatische Veränderung, so Endeshaw. Ohne Regen keine Ernte. Nahrung und Futter werden knapp, das Vieh wird verkauft, viele Menschen fangen an zu hungern. Besonders hart träfe es Frauen und Kinder.

WETTEREXTREME NEHMEN ZU

Die Klimarisikoanalyse, die Endeshaw zu Beginn seines Projektes durchgeführt hat, legt ebenso wie die Prognosen der Klimamodelle nahe, dass es in den nächsten Jahren und Jahrzehnten noch schlimmer kommen könnte, wenn es nicht gelingt, die globale Erwärmung auf 1,5 Grad zu

Cornelia Füllkrug-Weitzel

Klimaveränderungen
verschärfen Konflikte.
Millionen Menschen
in Äthiopien, Eritrea,
dem Süd-Sudan und
anderen Ländern
Afrikas verlassen ihre
Heimat mindestens
vorübergehend, oft
aber auch dauerhaft.

begrenzen: In Äthiopien, den Nachbarstaaten am Horn von Afrika sowie dem südöstlichen Teil des Kontinentes mit Ländern wie Mozambique, Malawi, Zimbabwe und Südafrika dürften die Niederschläge weiter zurückgehen. Vor allem werden sie noch unbeständiger fallen, was zu einem Wechsel von längeren Trockenperioden mit Starkregen führen würde. Beides wäre Gift für die Landwirt-

Cornelia Füllkrug-Weitzel

schaft, sagt Endeshaw. Gleichzeitig wird vorhergesagt, dass sich die Temperaturerhöhung beschleunigt: Bis 2030 sollen die Jahresmitteltemperaturen in Äthiopien um rund ein Grad, bis 2050 um zwei Grad und bis 2080 um über drei Grad Celsius gegenüber den 1960er bis 1980er Jahren steigen. Für die Menschen in Chulkie ist das zutiefst besorgniserregend. Wenn überhaupt, dann kann sich die

Bewässerungssysteme wappnen die Landwirtschaft gegen Dürren.

Landwirtschaft an diese massiv veränderten klimatischen Bedingungen nur mit einer wirklich tiefgreifenden Umstellung und viel Innovation anpassen. „Aber wie soll das gelingen?", fragt Ayalew, der Dorfvorsteher, wo doch schon heute die Grenzen der Anpassungsfähigkeit traditioneller Landwirtschaft erreicht seien und das Dorf abhängig sei von Hilfsleistungen, weil es keine eigenen Ressourcen mehr hat.

Dieser Mangel an Perspektiven, so Assen, der Lehrer, würde immer mehr Menschen im Dorf in die Lethargie treiben. Viele seien müde geworden, hätten aufgegeben, Neues zu versuchen, und machten sich immer stärker abhängig von bescheidenen Hilfeleistungen der Regierung.

In Deutschland haben wir gelernt, dass dauerhafte Abhängigkeit einer Familie von Hartz-IV deren Lebensweise und Selbstbild so nachhaltig beeinflusst, dass die nächste Generation mit einiger Sicherheit unfähig sein wird, ihren Lebensunterhalt selbst zu verdienen. Wir sprechen von der Vererbbarkeit von Arbeitslosigkeit. Wieso sollten nicht auch Jahre und Jahrzehnte in Flüchtlingslagern oder in Dörfern, die von Hilfsleistungen leben, das Selbstwirksamkeitsgefühl von Familien und Dorfgemeinschaften nachhaltig zerstören und ihre Fähigkeit, sich selbst zu helfen, bis in die nächste Generation untergraben?

Lubaba, eine junge Frau, wird einen anderen Weg beschreiten, der inzwischen für immer mehr junge Menschen zu einer zwar ungeliebten, aber doch unausweichlich scheinenden Alternative wird: Sie geht in drei Wochen als Haushaltshilfe nach Katar. Von dort aus hofft sie, ihre Familie mit Geldzahlungen unterstützen zu können. Was, frage ich mich, mag auf Lubaba wohl zukommen? Wir wissen, wie speziell junge Frauen ohne den Schutz einer Familie und abhängig vom Arbeitgeber in sklavenähnlichem Zustand zu vielerlei „Diensten" gezwungen werden.

BAUERN TROTZEN DEM KLIMAWANDEL

Endeshaw beschreitet mit seinem Projekt einen anderen Weg. Er will den Menschen in den Bergdörfern mit einem Anpassungsprojekt Bleibeperspektiven eröffnen. Über viertausend Haushalte profitieren schon davon. Ins Leben gerufen hat das Projekt der Sozial- und Entwicklungsdienst der evangelischen Mekane Yesus-Kirche. Gemeinsam gefördert von Brot für die Welt und der Diakonie Katastrophenhilfe wurde zu Beginn eine Klimarisikoanalyse durchgeführt, um gezielt die am stärksten gefährdeten Haushalte zu identifizieren. Ein Viertel von ihnen hat Frauen zum Haushaltsvorstand. Im ländlichen Äthiopien bedeutet das, dass die Ehemänner sich entweder als Arbeiter in den Städten verdingen, dass sie zu alt oder krank zum Arbeiten sind, dass die Frauen verwitwet sind oder dass sie von ihren Männern verlassen wurden. Wo auch immer die Gründe liegen – diese Frauen tragen eine besonders schwere Last, weswegen es besonders wichtig ist, sie in das Projekt einzubeziehen.

Die meisten Menschen in den Bergdörfern leben entweder von ihren Ziegen- oder Schafherden oder sie betreiben Ackerbau auf winzigen und meist sehr steilen Parzellen. Die klimatischen und ökologischen Bedingungen für Gerste, Weizen, Kartoffeln und Bohnen, die sie bisher

angebaut haben, haben sich stark verschlechtert, erklärt Hussien, einer der Bauern: „Mehere" und „Belg", wie die beiden Regenzeiten hier genannt werden, seien nicht länger vorhersagbar. Wenn sie zu spät eintreffen oder zu kurz ausfallen, verkürzt sich die Anbauperiode und die traditionellen Kultursorten können nicht zur Reife gelangen. Dazu gibt es vermehrt Frostperioden – auch das eine Folge des Klimawandels. Pflanzenkrankheiten und Tierseuchen haben dadurch leichtes Spiel, was die Landwirte und Viehzüchter zusätzlich unter Druck setze. Für die notwendigen Anpassungsmaßnahmen, so Hussien weiter, reicht das traditionelle Wissen der Bevölkerung nicht aus – zum Schaden des Ansehens der Ältesten und des sozialen Gefüges in den Dörfern.

Cornelia Füllkrug-Weitzel

Der Bau von Bewässerungskanälen ist Gemeinschaftsaufgabe. Wiederaufforstung (rechts) mit einheimischen Gehölzen schützt gegen Erosion, erhöht die Bodenfruchtbarkeit und verbessert die Wasserhaltefähigkeit.

Alte, die keine Familie im Dorf mehr hätten, werden vom Rest der Gemeinschaft nicht mehr so unterstützt wie früher. Zurückgehender Respekt und Mangel an Ressourcen und Zeit bei allen sind die Gründe, beklagt Seid, ein alter Mann.

„Der Druck auf die knappen Ressourcen ist durch den Klimawandel noch viel stärker geworden", erklärt mir Endeshaw. Er schildert, wie in dem ohnehin höchst fragilen Ökosystem dieser afro-alpinen Hochgebirgszone die Verkettung von klimatischen Veränderungen und einer latenten Übernutzung der natürlichen Ressourcen dazu führen, dass Böden unfruchtbar werden, die Vegetation zurückgeht und der Grundwasserspiegel sinkt. In dem einst reich bewaldeten Gebiet ist der Anteil der

Waldflächen auf unter ein Prozent zurückgegangen. Das hat die Bodenerosion auf den steilen Hängen dramatisch beschleunigt und das Grundwasservorkommen zurückgehen lassen. Quellen und Bäche trocknen während der Trockenzeit schneller aus. Ein Teufelskreis, den man unterbrechen muss, denke ich. Und so dachten auch unsere Partner und setzten genau hier an: Die Klimarisikoanalyse, die Endeshaw und seine Kollegen zusammen mit der Bevölkerung durchgeführt haben, hat ihnen diese Wirkungszusammenhänge bewusstgemacht. Gemeinsam haben sie daraufhin Anpassungsprioritäten festgelegt und – unter Hinzuziehung von Experten – einen langfristigen Plan entwickelt, wie sie die Probleme eindämmen können.

WIEDERAUFFORSTUNG HILFT MENSCH UND NATUR

Ein wesentlicher Baustein des Anpassungsprogrammes besteht darin, die Landwirtschaft umzustellen: Von der Bewirtschaftung mit einjährigen Pflanzen wie Gerste oder Weizen auf ein sogenanntes Agroforstsystem. Das soll zur Wiederaufforstung und Rehabilitierung degradierter Vegetationsflächen und Böden in den steilen Hanglagen führen. Kleinbauern und Viehzüchter wie Hussien und Seid werden dafür finanziell unterstützt, Bäume, Büsche, Gräser und Leguminosen zu pflanzen, Erosionsschutzmaßnahmen zu ergreifen und Teile ihrer Parzellen temporär nicht zu beweiden. Endeshaw ist mit der Bevölkerung stolz darauf, dass auf diese Weise mehrere hundert Hektar steiler Berghänge wieder begrünt werden konnten. Die Bauern freuen sich, dass sich die Böden erholen, der Grundwasserspiegel steigt und die Quellen

Cornelia Füllkrug-Weitzel

Der Anbau von Äpfeln hat sich im äthiopischen Hochland bewährt, um die Landwirtschaft vielfältiger und widerstandsfähiger zu gestalten.

weiter unten im Tal wieder mehr Wasser geben. Flankiert werden diese Maßnahmen durch berufsbildende Programme, um die Einkommen der Familien zu diversifizieren, zum Beispiel durch die Einführung von früher reifenden Sorten sowie von neuen Kulturpflanzen wie Apfelbäumen. Davon profitieren vor allem alleinstehende Frauen und Jugendliche in Form neuer Erwerbschancen. Hoffentlich, so denke ich, bleibt vielen von ihnen damit das harte Schicksal von Wanderarbeit oder Flucht erspart. Ahmed, Dorfvorsteher im benachbarten Weiler Dellel, ist froh darüber, dass durch das Projekt wieder mehr gemeinsam gearbeitet wird. „Die gemeinsame Anlage von Bewässerungssystemen und Brunnen stärkt unsere Identität und die Solidarität wieder", sagt er. „Die Verbreitung von brennholzsparenden Öfen und kleinen Fotovoltaik-anlagen, die elektrisches Licht und Lademöglichkeiten für Handys in die Hütten bringen, schafft Arbeitsplätze, die wir hier dringend benötigen, denn das Land allein kann uns nicht mehr ernähren", ergänzt Zinet.

DEM KLIMAWANDEL NICHT HILFLOS AUSGELIEFERT

Endeshaw spricht von Hilfe zur Selbsthilfe und verweist stolz auf die Erfolge: Achtzig Prozent der Haushalte, die ursprünglich als extrem gefährdet eingestuft worden waren, konnten ihre Einkommen steigern und ihre Risiko-exposition innerhalb von vier Jahren deutlich reduzieren. Aber es gab auch Rückschläge und weiße Flecken: So hätte sich die Situation vieler Haushalte, die nicht am Programm teilgenommen haben, weil ihre Risiken als geringer einge-stuft worden waren, inzwischen verschlechtert. Deshalb sollen im Zukunft mehr Maßnahmen ergriffen werden, die der gesamten Bevölkerung zugutekämen. Dazu zählt die Einrichtung von kommunalen Klimazentren – soge-nannten Climate Field Schools –, um das neu gewonnene Wissen auch anderen Bauern und Bergdörfern vermitteln zu können.

Ob er mir eine Botschaft mitgeben wolle, frage ich den Dorfvorsteher Ayalew zum Abschied. „Der Weg ist noch lang, ein guter Anfang ist aber gemacht und es war wich-tig für uns zu erkennen, dass wir dem Klimawandel nicht hilflos ausgeliefert sind. Wir wissen jetzt, dass wir unser Schicksal bis zu einem gewissen Punkt in die eigenen Hände nehmen können. Aber wir benötigen dabei eure finanzielle Unterstützung und ihr müsst endlich Ernst machen mit dem Klimaschutz."

Auf dem langen Weg zurück nach Addis Abeba, der Hauptstadt Äthiopiens, erfahre ich von Endeshaw, dass der Erfolg des Projektes nicht unbemerkt geblieben ist: Die Regierung ist aufmerksam geworden und würde die Methode der Klimarisikoanalyse gerne auch auf andere Regionen ausweiten. Mit Partnern von Brot für die Welt und der Diakonie Katastrophenhilfe, die Leuchtturmprojekte gegen den Klimawandel in anderen Ländern betreiben, stehe er im regen Austausch, was den Wissenstransfer sehr befördere. Und das Klima-Servicezentrum Deutschland GERICS, eine angesehene Einrichtung der Helmholtz-Gemeinschaft deutscher Forschungszentren, habe ihn eingeladen, bei einem großen, EU-finanzierten Vorhaben mitzuwirken, das der Verbesserung der Anpassungsfähigkeiten in Afrika diene.

Brot für die Welt und die Diakonie Katastrophenhilfe unterstützen sogenannte Leuchtturmprojekte in Brennpunktregionen des Klimawandels, um zu zeigen, wie man Menschen unterstützen und befähigen kann, sich gegen Klimarisiken zu wappnen und ein Leben in Würde zu führen. Das Projekt im äthiopischen Hochland nahe Dese ist eines davon.

Auf dem Rückflug ziehe ich eine vorläufige Bilanz dieser Reise: Sie hat mir gezeigt, welchen großen Unterschied viele kleine Schritte machen können. Ich nehme mir vor, das Thema Klimaschutz und unsere Unterstützung für Klimaanpassungsmaßnahmen konsequent weiterzuverfolgen.

Cornelia Füllkrug-Weitzel

Eure Emissionen rauben uns die Zukunft!

EINE REISEREPORTAGE
AUS EL SALVADOR

Das wahre Gesicht von Jesus", so lautet der Titel meiner Lektüre. In dem kleinen Büchlein erzählt der von mir geschätzte Fotograf Sean Hawkey in Wort und Bild von Begegnungen mit Männern und Frauen in Zentralamerika, die ihren schwierigen Alltag heldenhaft bewältigen. Hawkey möchte uns in ihren Gesichtern das Antlitz Jesu zeigen, der sich mit den Geringsten unter allen identifiziert hat.

Einer von ihnen, dem es eine Heldenkraft abverlangt, den Alltag zu bestehen, ist Jesús Garcia Hernández, ein Kleinbauer, der sich seit zehn Jahren einer nicht enden wollenden Abfolge von Dürren mutig entgegenstemmt. Seine Felder bringen von Jahr zu Jahr weniger Ertrag. Viele andere aus seinem Dorf haben sich bereits den Menschenkarawanen angeschlossen, die über tausende von Kilometern bis zur Südgrenze der USA ziehen und versuchen, diese zu überwinden. Jesús macht sich keine Illusionen über das schwierige und gefährliche Schicksal, das illegale Einwanderer in den Vereinigten Staaten erwartet. Aber, fragt er, was haben sie schon zu verlieren, wenn ihnen zuhause nichts mehr bleibt zum Leben? Der Klimawandel, so Jesús, habe die Flüsse im Trockengürtel des Landes zum Austrocknen gebracht und die Bauern in Überschuldung und Not gestürzt.

Die Lektüre animiert mich, Mittelamerika zum nächsten Ziel meiner Reise auf den Verwüstungsspuren des Klimawandels rund um die Welt zu machen. In San Salvador, der Hauptstadt El Salvadors, bin ich mit Elena verabredet, der regionalen Repräsentantin des Lutherischen Weltbundes. Sie engagiert sich seit Jahren gegen den Klimawandel. Besonders zeichnet sie ihre hohe Bereitschaft aus, eingefahrene Pfade zu verlassen und Neues zu versuchen, wenn es Aussicht auf Erfolg verspricht.

El Salvador ist das kleinste der vier zentralamerikanischen Länder El Salvador, Guatemala, Honduras und Nicaragua. 11 Millionen Menschen, mehr als ein Viertel der Bevölkerung, leben in den dürregefährdeten Gebieten dieser Länder. In El Salvador nimmt dieses Trockengebiet fast die gesamte Landesfläche ein. Die meisten Menschen hier sind seit Generationen Kleinbauern, die traditionell Mais und Bohnen anbauen. So auch Carlos, den ich zusammen mit Elena besuchen werde. Mehr als vier Stunden dauert die Fahrt, zunächst vorbei an dicht bewaldeten Vulkanen und später durch eine immer trockener werdende Hügellandschaft. Zuletzt geht es über holprige Pisten und unser Pickup zieht eine gut sichtbare Staubfahne hinter sich her.

KLIMAWANDEL VERSCHÄRFT GEWALT

Wir müssen vorsichtig sein: Jugendbanden, die sogenannten Maras, die mit grausamer Gewalt ihre Herrschaft ausüben und vor allem Schutzgelder erpressen, sind längst nicht mehr allein auf die Städte beschränkt, sondern breiten sich auch auf dem flachen Land aus wie ein Krebsgeschwür. Jugendliche ohne Zukunftsperspektiven schließen sich ihnen an – und noch mehr werden zum Mittun gezwungen. Elena erzählt mir, dass selbst ihr Kindermädchen Schutzgeld bezahlen muss. Anderenfalls droht ihr und ihren Kindern Schlimmes. Die Brutalität der Maras ist berüchtigt, und brutal gehen auch Polizei und Militär gegen sie vor.

Cornelia Füllkrug-Weitzel

Carlos empfängt uns vor seiner Hütte. Unter dem Eindruck der Sicherheitsüberlegungen auf der Anreise beschäftigt mich das Thema noch und ich spreche es gleich an. Prompt lande ich zu meiner Verblüffung im Herzen meines eigentlichen Themas: Dass El Salvador zu einem der gefährlichsten Länder der Welt geworden ist, ist nach Auffassung von Carlos nicht nur, aber eben auch dem Klimawandel geschuldet: Missernten – infolge von Dürre im Wechsel mit sintflutartigen Niederschlägen – hätten die Landwirtschaft zu einer Art Lotterie gemacht. „Das Wetter spielt verrückt", sagt Carlos. Tradiertes Wissen über die Bewirtschaftung der kleinen Zellen werde entwertet, die von Generation zu Generation weitergegebenen Regeln über den richtigen Zeitpunkt der Aussaat gelten

DREI FRAGEN AN ELENA CEDILLO, Repräsentantin des Lutherischen Weltbundes in Zentralamerika

Kann die Beschäftigung mit dem Klimawandel eine Priorität für eine Entwicklungsorganisation sein?
Zentralamerika ist ein Brennpunkt des Klimawandels. Dem müssen wir uns stellen. Hier gibt es keine Entwicklungsfortschritte mehr ohne Klimaanpassung, zumindest nicht auf dem Land. Und früher oder später gilt das auch für die Städte, so etwa bei der Wasserversorgung, die langfristig massiv gefährdet ist.

Was bedeutet Klimagerechtigkeit für Sie?
Jeder Mensch, jedes Wesen und ebenso künftige Generationen haben dasselbe Anrecht darauf, in einem Klima zu leben, das die Lebenschancen nicht mindert. Wer andere durch übermäßige Emissionen schädigt, muss seine Emissionen mindern und die Schäden ausgleichen. Weil das Entwicklungs- und Konsummodell reicher Länder nicht zukunftsfähig ist, muss es radikal geändert werden. Alles andere ist Unrecht.

Sie suchen gezielt die Zusammenarbeit mit Banken, Universitäten und sogar Unternehmen. Ist das nicht ungewöhnlich für eine kirchliche Organisation?
Als christliche Organisation betrachten wir den ganzen Menschen, seine physische wie psychische und soziokulturelle Unversehrtheit. Die Welt, in der wir heute leben, verändert sich rasant – auch und gerade durch den Klimawandel. Den Klimawandel zu begrenzen und uns an das anzupassen, was nicht mehr vermeidbar ist, ist eine Aufgabe für die gesamte Gesellschaft. Dafür brauchen wir neue Allianzen und Kooperation über Grenzen hinweg.

nicht mehr. Damit sinkt auch das Ansehen, das die Alten bei den Jungen genießen, das Generationengefüge zerbricht, Familienbande und sozialer Zusammenhalt werden zerstört. Das wird auch dadurch befördert, dass wer irgend kann, in die Stadt zieht. Damit schwindet der Stolz des „Campesinos", die innige Verbundenheit mit der eigenen Scholle. „Es geht nicht nur um unseren Lebensunterhalt, es geht auch um unsere Kultur und Lebensweise, die der Klimawandel schrittweise zerstört", sagt Carlos. „Eure Emissionen rauben uns unsere Zukunft – als Volk, als Kleinbauernstand, als Einzelne."

Cornelia Füllkrug-Weitzel

Ich kann Carlos gut verstehen und muss ihm recht geben. Zwar war dieses Gebiet schon immer anfällig für lange Trockenperioden. In den letzten zwanzig Jahren aber haben schwere Dürren kontinuierlich zugenommen. Die zahlreichen Missernten haben die Bauern immer weiter in die Schuldenfalle getrieben. Und Klimaforscher prognostizieren sogar eine weitere Verschärfung für die kommenden Jahrzehnte, wenn es nicht gelingt, den Klimawandel zu stoppen. In El Salvador, das fast vollständig im Trockengürtel liegt, könnten die Erträge für Mais um weitere 40 Prozent, bei Bohnen um bis zu 50 Prozent und bei Kaffee, dem Exportprodukt, um 60 Prozent einbrechen, so der Weltklimarat. Wie soll da die Armut überwunden und der Hunger zurückgedrängt werden, frage ich mich. Schlimmer noch: Alles, was die Partner hier in den letzten Jahrzehnten in mühevoller Arbeit an Entwicklungsfortschritten erreicht haben, wird wieder zerstört. Und dann heißt es in Deutschland nur, Entwicklungshilfe bringe nichts. Alle Entwicklungsbemühungen werden umsonst sein, wenn wir mit unseren Emissionen den Menschen hier in El Salvador und in vielen anderen Ländern fortwährend die Möglichkeit nehmen, trotz härtester, manchmal fast übermenschlicher Anstrengungen, aus ihrem Boden ausreichend Nahrung zu holen.

Um Hunger und Armut zu überwinden und mehr Gerechtigkeit herzustellen, ist der Kampf gegen den Klimawandel zentral. Nicht umsonst hat die Völkergemeinschaft die Bekämpfung des Klimawandels als eines der 17 Ziele für nachhaltige Entwicklung (SDGs) benannt.

11 Millionen Menschen leben im Trockengürtel Mittelamerikas. Die infolge des Klimawandels immer öfter auftretenden Dürren treiben Kleinbauern in den Ruin.

ABSICHERUNG GEGEN KLIMARISIKEN

Elena berichtet, dass der Lutherische Weltbund in den Jahren 2014 bis 2016 zunächst vor allem humanitäre Hilfe für die Dürreopfer geleistet hat. Zunehmend haben sie sich aber gefragt, ob man dem Problem nicht anders begegnen muss. Die Nothilfe konnte nämlich nicht verhindern, dass die Bauern immer tiefer in eine Schuldenfalle rutschten.

Den Umschwung hat dann eine Kooperation mit der nationalen Bank für Ländliche Entwicklung gebracht, berichtet sie, die vor allem Kleinbauern als Kunden habe. Nach der Befragung von hunderten Bauern wurde ein maßgeschneidertes Paket geschnürt: Humanitäre Hilfe im Notfall, vor allem aber: Risikovorsorge durch Agrar-

Cornelia Füllkrug-Weitzel

beratung, verbesserte Bewässerung und Frühwarn-systeme. Und als dritten Punkt eine Versicherungskompo-nente, die Bauern gegen Klimarisiken absichert. Jetzt wird dieses Paket schrittweise umgesetzt und getestet, so Elena. Die Bank übernimmt in der Pilotphase die Versicherungs-kosten für besonders arme Bauern ganz oder teilweise.

Mir gefällt dieser Ansatz: Er ist pragmatisch, innovativ und solidarisch, weil Bauern, die die Versicherungskosten nicht tragen können, dafür einen Zuschuss bekommen. Die Grenzen von Versicherungslösungen sind auch klar: Wird die Dürre zum Regelfall, weil wir den Klimawandel nicht stoppen, wird sich keine Versicherung mehr finden, die diese Risiken abdeckt. Versicherungslösungen, für die sich auch die Bundesregierung sehr erwärmt, funktionie-ren nicht als Ersatz für Klimaschutz. Sie können nur die jetzt schon spürbaren Folgen des Klimawandels für die Kleinbauernfamilien abfedern, die auch mit entschiede-nem Klimaschutz nicht mehr zurückzudrehen sind.

JUGENDLICHE ZU „CHANGE AGENTS" MACHEN

Unsere nächste Station ist die Lutherische Universität in San Salvador. Hier treffen wir Fidel, den Rektor. Mit ihm baut Elena die Zusammenarbeit ebenfalls aus: Die Uni-versität soll den Bauern dabei helfen, Klimarisiken vorzu-beugen, trockenheitsresistentere Mais- und Bohnensorten zu züchten, und die Potenziale von Solar- und Wind-energie viel besser zu nutzen. „Wir wollen ins Solarzeit-alter eintreten", sagt Fidel und spielt dabei auf die Stellung der Sonne an, die dieser Himmelskörper bei den vorspani-schen Hochkulturen Zentralamerikas innehatte.

Elena verfolgt mit der Kooperation aber noch ein anderes Ziel: Sie möchte die Jugend viel stärker für die Herausforderungen des Klimawandels sensibilisieren und quasi als „change agents" ausbilden. Dafür hat sie einen Hochschulkurs zu Klimagerechtigkeit initiiert, an dem neben Studierenden auch Jugendliche aus ländlichen Kirchengemeinden teilnehmen. Heute erhalten die Absolventen des ersten Kurses in unserer Anwesenheit ihre Abschlusszeugnisse. Mich berührt die Begeisterung der Familien, die eigens aus den Dörfern angereist sind und wie wild klatschen, als die Zeugnisse überreicht werden. Für die Jugendlichen wie für ihre Familien ist das ein großer Tag – von einer Uni ein Zeugnis zu bekommen, das war bis dahin unvorstellbar. Es stärkt das Selbstbewusstsein der Jugendlichen und gibt den Dorfbewohnern neuen Mut. Ihr Schicksal in Zeiten des Klimawandels wird wahr- und ernstgenommen. Mit dem neu gewonnenen Wissen der Jugendlichen, die jetzt in ihre Dörfer zurückkehren, können sie sich selbst dem Klimawandel entgegenstellen, sind nicht mehr auf Hilfe von außen angewiesen. Das ist auch eine Frage der Würde von betroffenen Gemeinschaften in Zeiten des Klimawandels, die sonst leicht zu bloßen Hilfsempfängern werden. Ein Programm, das Schule machen sollte, finde ich.

Was ich aus Zentralamerika mitnehme, möchte Elena wissen. Mich bedrückt, wie der Klimawandel nicht nur wirtschaftliche Existenzen zerstört, sondern wie dies noch dazu Entwurzelung bewirkt und Gewalt anheizt. Sicher haben Armut, Gewalt und Migration viele Ursachen – aber der Klimawandel wirkt wie ein Brandbeschleuniger.

Cornelia Füllkrug-Weitzel

Es beschäftigt mich, wie der Klimawandel auch die Gemeinschaft, die Kultur und die Würde von Menschen untergräbt. Und schließlich beschämt es mich, dass unser viel zu zögerliches Handeln im reichen Deutschland von den Menschen hier als großes Unrecht empfunden wird. Zurecht. Gleichzeitig ist es mir ein Ansporn, Menschen begegnet zu sein, die nicht aufgeben, für ihre Würde und die ihrer Nächsten eintreten. Menschen, die an ihrem Recht auf Leben festhalten und voll Hoffnung unbeschadet neuen Lebensmöglichkeiten den Weg bereiten – allen jetzt schon spürbaren zerstörerischen und Gewalt fördernden Folgen des Klimawandels zum Trotz. Hat Jesus nicht gerade das auch getan? Er hat für mich nun viele Gesichter in El Salvador. Carlos ist eines davon, die Jugendlichen, die ihre Zertifikate an der Lutherischen Universität von San Salvador erhielten und ihre Angehörigen sind weitere.

Brot für die Welt unterstützt die Arbeit des Lutherischen Weltbundes sowie anderer Partnerorganisationen in Zentralamerika. Klimarisikoprävention und Klimaanpassung im ländlichen Raum spielen dabei eine immer größere Rolle. Gegenüber der Bundesregierung setzt sich Brot für die Welt dafür ein, armen Bevölkerungsgruppen den Zugang zu Klimarisikoversicherungen über finanzielle Förderung zu ermöglichen und somit zur Kompensation von Klimaschäden durch die Verursacher beizutragen.

Selina Leem

Das Meer ist der Garten hinter meinem Haus

DIE BEDROHUNG
DER MARSHALLINSELN
DURCH DIE FOLGEN DES KLIMAWANDELS

Mein Name ist Selina Neirok Leem. Ich bin ein einundzwanzigjähriges Inselmädchen mit großen Träumen. Ich lebe auf den Marshallinseln und gehöre dem Raur-Clan an. Geboren und aufgewachsen bin ich auf dem Majuro-Atoll, wo auch unsere Hauptstadt liegt. Meine Heimat ist der Ort Tur Weto, in der Stadt der Dämonen. Die Stadt heißt so, weil sich dort ein Friedhof befindet. Eine Reihe von Gräbern ist jedoch bereits zerstört, weggespült von den Wellen.

Selina Neirok Leem ist eine 21-jährige junge Frau von den Marshallinseln. Aufgewachsen auf dem Majuro Atoll, ging sie mit sechzehn Jahren nach Deutschland, um ihr Abitur zu machen. Im Alter von achtzehn Jahren sprach sie gemeinsam mit dem damaligen Klima-Botschafter der Marshallinseln, Tony de Brum, bei der Pariser Klimakonferenz das Schlusswort und warb dabei um die Zustimmung der politischen Eliten der Welt zum Pariser Klimaabkommen als einem Abkommen für „diejenigen, deren Identität, Kultur, Vorfahren und ihr gesamtes Sein gebunden ist an ihr bedrohtes Land."

Als Kinder haben wir uns immer auf einer Wiese neben unserem Haus getroffen, um von den Geistern zu erzählen, denen wir nachts begegnet sind. Die beiden unheimlichsten waren der Babygeist, der sehr schnell krabbeln konnte, und der Geist einer Frau, die sich unentwegt die langen Haare kämmte, bis sie ihr ausfielen, und deren Schatten immer am Fenster meines Vaters auftauchte.

Während der Schulzeit gingen wir jeden Morgen aus dem Haus und kamen nachmittags zurück, um zunächst unsere häuslichen Pflichten zu erledigen. Erst danach zogen wir los, immer auf der Suche nach Abenteuern, für die uns unsere Eltern den Hosenboden versohlen würden. So sprangen wir zum Beispiel hinunter vom Damm ins offene Meer, oder wir schubsten uns gegenseitig vom Damm hinein in die Lagune, entweder neben dem Haus meines Onkels oder beim Haus des Ältesten unseres Dorfes. So haben die meisten von uns übrigens schwimmen gelernt.

An anderen Tagen suchten wir nach großen Styroporplatten und ließen uns darauf über das tiefblaue Meer treiben. Dann brachten wir uns gegenseitig zum Kentern und schrien laut, dass da Stachelrochen oder Haie kommen würden, um die Freunde im Wasser so richtig zu erschrecken. Lautes Lachen und spitze Schreie hallten über das Wasser und wir hatten großen Spaß. Oder wir fingen Fische und veranstalteten Fischkämpfe. Wenn wir hungrig waren, tauchten wir nach Muscheln oder zogen in Gruppen los auf der Suche nach anderen Köstlichkeiten aus dem Meer. Unsere Beute brachten wir dann Hause in der Hoffnung, so unsere Familien zu besänftigen, was immer gelang.

Oft sagten wir „Tutu iaar im dan molo lik", was soviel bedeutet wie „Schwimmen gehen in der Lagune, um dann ins offene Meer gespült zu werden". Das bedeutete nichts anderes, als unsere Schwimmzeit tüchtig zu verlängern. Viele Male verbrachten wir so fast den ganzen Tag im Wasser, bevor wir hungrig, mit schrumpeliger Haut, verbrannt von der Sonne und gerötet vom Salz wieder an Land gingen. Einige von uns jammerten, weil sie vor dem Schwimmen vergessen hatten, ihr Haar zu ölen, und es jetzt verfilzt und klebrig war. Mein Vater lamentierte oft, wie ich es geschafft hätte, mein Haar so zu röten. „Bist du denn ein Fischer, oder was ist los mit dir", schimpfte er dann. „Warum ölst du nicht deine Haare ein, bevor du schwimmen gehst?"

Alles war Spaß und Glück, bis die Zeit der Springflut anbrach. Eine Tante erzählte mir einst, dass die Meerfrau es hasst, wenn Mädchen nach ihr schauen, wenn sie wütend ist. Sie würde dann noch mehr Wellen schicken. Deshalb hatte ich mir angewöhnt, während der Zeit der Springflut nicht nach den Wellen zu schauen. Ich lief dann immer durch die Hauptstraße zur Schule, und mied die Straße entlang der Küste, wo unser Haus liegt. Aber es war schwer, den Blick aufs Meer zu vermeiden.

In unserem Mädchenzimmer sind die Fenster zum Meer hin ausgerichtet, mit Blick auf den Damm, das Wasser und die Gräber meiner Großeltern und meiner Mutter. Manchmal, wenn meine Schwestern vergaßen, die Vorhänge zu schließen, und wenn die Flut wieder einmal hoch ausfiel, wenn ich dann unbedacht aus dem Fenster schaute, musste ich zusehen, wie die Wellen über den Damm kamen und sich an den Gräbern meiner Liebsten brachen. Es machte mich ungeheuer zornig, dass das Meer, dem ich mehr meiner Geheimnisse und Schwächen anvertraut hatte als meiner Familie, es auf eine solche Weise an Respekt meinen Liebsten gegenüber mangeln ließ. Ich schloss dann meine Augen, zog die Vorhänge zu und betete darum, dass ich den Zorn der Meerfrau nicht noch weiter angefacht hatte.

> „Als Kind weißt du nur, dass zu einer bestimmten Jahreszeit die Wellen wütend sind"

Als Kind versteht man nicht, was da wirklich passiert. Du weißt nur, dass zu einer bestimmten Jahreszeit die Wellen wütend sind, Häuser und Gräber zerstören und dein Land Stück für Stück wegnehmen. Es kommt hinzu, dass du in einem zutiefst religiösen Land wie dem unseren oft gehört hast, wie der Pfarrer darüber sprach, was passieren würde, wenn die Welt zu Ende ginge: wie Menschen einander töteten, sich Familien entzweiten und überall Naturkatastrophen ausbrächen.

Mein Großvater, an dessen Geschichte ich mich bis heute erinnere, war der Meinung, dass Gott die Gletscher am Nord- und am Südpol schmelzen würde, auf dass der Meeresspiegel steigen und unsere Inseln überfluten würde.

Das hat mich als Kind in Angst und Schrecken versetzt. Ob meine Großeltern wohl schwimmen könnten? Wie kann ich meine jüngeren Geschwister retten und wie meine behinderte ältere Schwester? Ob meine Eltern dann wohl in der Nähe wären und mir helfen könnten, Sperrholz und Styroporplatten zu sammeln, so dass meine Geschwister und meine Großeltern diese wie ein Floß nützen könnten? Ich hatte Albträume und schrie in der Nacht. Dann vertraute ich mich meinen Freunden an mit dem, was mein Opa mir erzählt hatte.

Später, gegen Ende meiner Grundschulzeit, lernte ich, dass Korallen der Sonne entgegenwachsen. In meiner kindlichen Vorstellung dachte ich, sie würden wachsen und wachsen, bis sie Riesenkorallen wären. Ich überzeugte meine Freunde, mit mir während der Ebbe zum Außenriff aufzubrechen und Korallen zu sammeln. Dort schwärmten wir aus und setzten die Korallen in einer Linie im flachen Wasser ein. Fast jeden Tag fuhren wir zum Außenriff und schauten nach den Korallen. Wir warteten und warteten, aber nichts geschah. Jetzt, viele Jahre später, mit Einundzwanzig, studieren viele von uns,

andere haben Familien gegründet. Aber unsere Korallen sind niemals zu den Riesenkorallen herangewachsen, die unsere Inseln vor dem ansteigenden Meeresspiegel und den höheren Wellen schützen könnten. Dafür verstehen wir heute, dass der Klimawandel für die Katastrophe verantwortlich ist, die sich vor unseren Augen abspielt.

Im Pazifik und im Indischen Ozean versinken viele Atolle infolge des Meeresspiegelanstiegs im Meer.

Meine letzten beiden Schuljahre habe ich auf einem Gymnasium in Deutschland verbracht. Da hatte ich Gelegenheit, meinen Klassenkameraden zu erzählen, was sich auf meinen Inseln abspielt. Ich nutzte die Bühne, die sich mir bot, um meine Mitschüler und andere darüber aufzuklären, welche Auswirkungen der Klimawandel in meiner Heimat hat. Ich begann, bei öffentlichen Veranstaltungen zu sprechen, Artikel zu schreiben und Interviews zu geben. Dabei dachte ich die ganze Zeit über daran, dass ich das für meine Leute und meine Heimat tue.

Globale Erwärmung und Klimawandel sind für viele Menschen auf den Marshallinseln sehr gebräuchliche Begriffe geworden. Als eine indigene Gesellschaft, deren Kultur und Traditionen eng mit dem Land verbunden sind, ist die Vorstellung, dass wir eines Tages vielleicht keine andere Möglichkeit mehr haben, als die Segel zu setzen und zu fremden Ufern aufzubrechen, etwas, was uns traurig macht und empört. Es ist für uns nicht nachvollziehbar, dass wir, die wir so wenig zum Klimawandel beitragen, diejenigen sind, die die Hauptlast zu tragen haben. Als aufrechte Kämpfer gegen den Klimawandel nehmen wir teil an internationalen Konferenzen. Dabei müssen wir feststellen, dass unsere Sorgen keine Priorität für die anderen Nationen haben. Sie haben ihre eigenen Probleme, und die meisten von ihnen verfügen über die finanziellen Mittel und technischen Möglichkeiten, ihre Probleme anzugehen. Nur wir haben diese Möglichkeiten nicht.

Viele sprechen über Emissionsminderungsziele, die bis 2030 oder bis 2050 erreicht werden müssen. Wir tun das auch. Lesen Sie diese Berichte und verfolgen Sie, was bei diesen Konferenzen diskutiert wird? Zuerst lautete die Vorhersage, dass die Marshallinseln bis zum Jahr 2050 verschwunden sein werden. Aber angesichts des Tempos der globalen Erwärmung heißt es heute, dass unsere Nation schon bis zum

„Angesichts des Tempos der globalen Erwärmung heißt es heute, dass unsere Nation schon bis zum Jahr 2030 verschwinden wird"

Selina Leem

Jahr 2030 verschwinden wird. Das sind zwanzig Jahre Unterschied und uns bleiben nur noch wenig mehr als zehn Jahre! Läuft es Ihnen da nicht kalt den Rücken hinunter? Ist das nicht beängstigend?

Wir kämpfen dafür, die globale Erwärmung auf höchstens 1,5 Grad zu begrenzen. Unser Klima-Botschafter und ehemaliger Außenminister, Tony de Brum, sagte mir in einer unserer Diskussionen, dass dieses Temperaturziel eigentlich nicht ambitioniert genug ist, aber dass es das bestmögliche sei, auf dass man sich international vielleicht noch verständigen könne. „Es ist nicht genug, aber es ist ein Schritt in die richtige Richtung." Ich bin ziemlich erschrocken, als er das sagte. Aber in dem Augenblick, in dem das Pariser Klimaabkommen verabschiedet wurde bei der 21. Klimakonferenz in Frankreich im Dezember 2015, erstaunte mich dieser Mann, als er von seinem Stuhl hochschoss, begeistert klatschte und jubilierte. Das gab mir Hoffnung. Der Umstand, dass das Klimaziel, für das wir viele Jahre lang gekämpft hatten, nun fester Bestandteil eines internationalen Abkommens ist, bedeutet ungeheuer viel für uns: Wir bewegen uns in die richtige Richtung. Es gibt noch Hoffnung.

Oft treffen wir allerdings auf Menschen, die darüber sprechen, wie sehr sie sich wegen des Klimawandels sorgen, aber dann fahren sie damit fort, Dinge zu tun, die das Problem noch verschärfen. Und ich denke viel über Privilegien nach. Wie es kommt, dass privilegierte Menschen diese Wahlmöglichkeit haben, sie uns aber verwehrt bleibt? Wir Menschen von den Marshallinseln haben diese Möglichkeiten nicht!

Es ist sehr wahrscheinlich, dass wir unsere Heimatinseln verlassen müssen – aber wir bemühen uns immer noch um Lösungen. Eine Möglichkeit wäre es, das Land aufzuschütten und unsere Inseln höherzulegen. Aber wir haben weder die finanziellen noch die technischen Mittel, das zu tun. Deshalb fahren wir damit fort, politischen Druck auszuüben, um für unsere Sache zu kämpfen. Wir schicken unsere Jugend hinaus in die Welt, um in unserem Namen zu sprechen. Bereits seit Jahren engagieren wir uns in ähnlicher Weise, wie es jetzt das mutige Mädchen Greta Thunberg tut. Jugendliche verstehen, was passiert. Wir hören die Geschichten von unseren Ältesten: Das ist der Planet, den wir erben, aber er ist nicht so, wie er sein sollte. Entscheidende und große Veränderungen sind notwendig. Die heutige Jugend zeigt großes Verantwortungsbewusstsein und ist dazu in der Lage, eine große Bewegung zu initiieren. Ich bin Teil davon, mit all den Reden, die ich schon gehalten habe, all den Worten, die ich mir teilweise schmerzhaft abgerungen habe, manchmal mit Tränen in den Augen. Ich bin stolz auf meinen Beitrag, was ich alles geschrieben habe und die vielen Interviews, die ich gegeben habe. Das ist mir nicht leichtgefallen, denn es bedeutet, immer wieder mit den eigenen Ängsten konfrontiert zu werden. Aber ich habe an Stärke gewonnen, indem ich meinem sturen Optimismus treu bleibe, wie es Christiana Figueres – von 2010 bis 2016 Generalsekretärin des Sekretariats der Klimarahmenkonvention der Vereinten Nationen (UNFCCC) – einmal ausgedrückt hat. Mach weiter! Ich habe mir das viele Male gesagt und werde damit fortfahren. Wir haben nicht mehr sehr viel Zeit, aber die Zeit,

Selina Leem

die wir noch haben, ist immer noch Zeit. Zeit, etwas zu tun. Ich werde nicht zulassen, dass uns Wellen schweigend hinwegspülen.

Ich erzähle Ihnen von unseren Ausleger-Kanus. Um zu segeln und ihren Weg zu finden, haben unsere Vorfahren die Meeresströmungen, die Wolken, die Sterne, die Vögel und die Fische zur Orientierung genutzt. Jedes Ding hat seine Bedeutung. Sie sind das Ausleger-Kanu und wir sind die Natur, die es umgibt. Ohne das Zusammenwirken des einen mit dem anderen gibt es weder Weg noch Ziel. Wenn wir uns aber zusammentun, findet jedes Ding seinen Platz und wir sind stark. Sie im Globalen Norden und wir im Globalen Süden.

Benjamin Dörfel und Laurens Heintze

Unsere Zukunft wird für kurzfristige Interessen geopfert

ZWEI SCHÜLER AUS BERLIN ERZÄHLEN,
WARUM IHNEN DIE KLIMADEMONSTRATIONEN
SO AM HERZEN LIEGEN

„I WANT YOU TO PANIC", sagte Greta Thunberg auf der Weltklimakonferenz den Politikern aus aller Welt ins Gesicht. Mit ihrer Entschlossenheit inspirierte sie Jugendliche in über hundert Ländern, ebenfalls für das Klima zu demonstrieren. Auf die wöchentlichen Schulstreiks folgten unterschiedlichste Reaktionen aus der ganzen Gesellschaft. Die Kanzlerin lobte uns Schüler und Schülerinnen dafür, dass wir uns für Klimaschutz stark machen – gleichzeitig rückte die Bundesregierung von ihren eigenen Klimazielen ab. FDP-Chef Lindner hingegen sieht den Klimawandel als ein Problem an, dass von „Profis" gelöst werden sollte. Und die AfD versucht es weiter mit billigen, aber dennoch erfolgreichen Klimaleugnungsaktionen.

Laurens Heintze (19) und Benjamin Dörfel (17) leben in Berlin. In der Klimaretter AG an ihrem Gymnasium haben sie gemeinsam mit weiteren Schülern schon viel erreicht: Die Mülltrennung eingeführt und attraktiv gemacht, regelmäßig Projekttage auf die Beine gestellt oder mit Politikern diskutiert. Bei Fridays for Future sind sie seit der Entstehung der Bewegung aktiv. Außerdem ist Benjamin Mitglied im Brot für die Welt Jugendausschuss.

Wir jüngeren Menschen merken gerade immer deutlicher, dass unsere Zukunft für kurzfristige Interessen geopfert wird. Tagtäglich verschlimmert sich die Klimakrise und eine lebenswerte Zukunft auf diesem Planeten wird immer unwahrscheinlicher. Aber wir sind diejenigen, die die Folgen der Erderwärmung sprichwörtlich ausbaden müssen!

Heute kann man sich schon in so manchen Kinofilmen Szenarien anschauen, die in den nächsten Jahrzehnten real werden könnten, denn gefühlt die Hälfte aller Actionfilme spielt in der Zukunft. Und in den meisten von ihnen hat die Menschheit große Teile unserer Erde unbewohnbar gemacht. Wissen Sie, wie es sich für uns Jugendliche anfühlt, einen Film zu schauen, in dem die Menschheit im Jahr 2050 um ihr Überleben kämpft?

Die Lebenserwartung hat sich im letzten Jahrhundert nahezu verdoppelt. Wenn sie weiter so steigt, können wir beide getrost davon ausgehen, dass wir das Jahr 2100 noch miterleben werden. Im Jahr 2050 werden wir fünfzig sein. Da wollen wir uns vielleicht den Kopf darüber zerbrechen, wie unserer Kinder mit ihren Studienbewerbungen zurechtkommen. Wenn wir jetzt Actionfilme schauen, können wir uns des Gefühls nicht erwehren, dass wir uns mit weitaus größeren Problemen werden herumschlagen müssen.

Das soll nicht etwa heißen, wir Jugendliche würden nur Filme schauen und daraus ableiten, unsere Zukunft werde bedroht. Viele Jugendliche wissen sehr gut Bescheid über den Treibhauseffekt, über steigende Kohlenstoffdioxid-Konzentrationen und die Auswirkungen des anthropogenen, also menschengemachten, Klimawandels. Wir wissen um schmelzende Eisschilde, den ansteigenden Meeresspiegel und die massiven globalen Veränderungen für Flora und Fauna. Und wir haben Angst, wenn wir uns der Probleme bewusst werden, die auf uns zukommen: gesundheitlichen Risiken für alle Menschen, die beeinträchtigte Landwirtschaft, die vielen Menschen, die als Klimaflüchtlinge aus ihrer zerstörten Heimat fliehen müssen, und nicht zuletzt die vielen Arten, die aussterben.

Wir wissen heutzutage genug, um den Klimawandel als Krise anzusehen, die dramatisch ist und eines schnellen Eingreifens bedarf. Wenn unser Haus brennt, würden wir sicher nicht anfangen ganz genau zu analysieren, warum und wo exakt es brennt, sondern würden alsbald mit dem Löschen beginnen. Dass wir die Probleme, die die Klimakrise uns beschert, jetzt anpacken und so schnell wie nur möglich lösen, das fordern so viele junge Menschen. Deswegen gehen sie, teils wöchentlich und während der Schulzeit, auf die Straße.

So auch wir. „Wir sind hier, wir sind laut, weil ihr uns die Zukunft klaut", so schallt es durch die Straßen der Berliner Innenstadt. Wir quetschen uns mit zehntausenden Schülern durch die Straßen Berlins, aus den Fenstern winken uns Anwohner und Erwachsene aus ihren Büros zu und ernten dafür Jubel. Die Menge drängt vorwärts, wir rufen aus voller Kehle „Keep it in the ground!" – ein Zeichen des Protests gegen den Abbau der Braunkohle und anderer fossiler Brennstoffe. Plötzlich steht vor uns ein Mädchen, das wir aus der S-Bahn kennen. Wir hatten sie immer als unscheinbar und schüchtern eingeschätzt. Nun klettert sie auf eine Laterne und brüllt aus voller Kehle: „What do we want?" Die Schüler, die mitlaufen, skandieren alle: „Climate justice!" Unsere Fahne weht hoch oben über der Menge – den langen Stock haben wir noch morgens aus dem Wald geholt. Diese Fahne ist unser Treffpunkt, denn die Handynetze sind hoffnungslos überlastet.

In den Tagen vorher hatten wir auf der Straße Flyer verteilt und massiv über WhatsApp mobilisiert. In allen Gruppen, von vergangenen Partys, Klassenchats und

> „Wenn unser Haus brennt, würden wir sicher nicht anfangen zu analysieren, sondern würden mit dem Löschen beginnen"

Freundesgruppen wurde geworben, mit zu demonstrieren. Es entflammten teils Diskussionen über Sinn und Zweck der Schulstreiks. Manche wurden noch mühsam überzeugt. Groß war dann der Stolz, mit guten Plakatsprüchen in der Tagesschau zu landen.

Die Accounts von Fridays for Future erreichen Zehntausende direkt. So wurden aktuelle politische Prozesse direkt öffentlichkeitswirksam kommentiert. Aber außer der Etablierung eines „Klimakabinetts" tat sich erst einmal wenig. Wir wussten, dass wir jetzt nicht locker lassen dürfen und planten den nächsten großen Schulstreik.

> „Fridays for Future hat über die sozialen Medien eine Verbindung mit denen geschaffen, die schon heute unter den Folgen des Klimawandels leiden"

Die erforderlichen Maßnahmen sind bekannt, die Umsetzung fehlt. Das wollen wir nicht hinnehmen und deswegen ist die Klima-Schulstreik-Bewegung global so stark geworden. Ein Grund dafür ist auch die Initiatorin Greta Thunberg, die mit dem, was sie sagt und tut, vieles auf den Punkt bringt, was sich manche schon lange denken: So kann es nicht weitergehen. Zu Beginn war die junge Schwedin vor allem Mobilisatorin. Sie brachte uns auf die Idee, endlich radikal zu denken und zu handeln.

Greta ist auch noch heute ein großes Vorbild für viele. Sie motiviert – nicht zuletzt über Instagram und Facebook. Und sie ist keinesfalls die einzige: Luisa Neubauer, Franzi Wessel, Louis Motaal, Anuna De Wever, Anna Peters, Jakob Blasel, Ricarda Lang – alles wunderbare, junge Menschen, die sich ge-

Benjamin Dörfel und Laurens Heintze

meinsam für unser aller Zukunft stark machen und denen es wirklich um die Sache geht. Ebenso wie die vielen Mitschülerinnen und Mitschüler weltweit, die wöchentlich auf die Straße gehen.

DIE GESELLSCHAFT VON MORGEN ist heute schon über die sozialen Netzwerke verbunden. Sich gegenseitig informieren und anspornen, das gehört bei unserer Bewegung dazu. Fridays for Future hat über die sozialen Medien eine Verbindung mit denen geschaffen, die schon heute unter den Folgen des Klimawandels leiden. Junge Aktivisten aus Deutschland kommen in Kontakt mit Jugendlichen in Amerika, die sich gegen Trumps Klimaleugnung stellen, mit Schülern aus Brasilien, die gegen die Regenwaldabholzung auf die Straßen gehen, oder mit Schulklassen in Indien.

Wenn man sich für Klimaschutz einsetzt – und das sollten jetzt alle tun –, kann das auf zwei verschiedenen Ebenen geschehen. Die eine ist die politische Ebene. Hier geht es um die großen Entscheidungen zur Energieversorgung, um Klimaschutzgesetze oder um Förderung nachhaltiger Technologien. Hier werden Rahmenbedingungen gesetzt für den Alltag. Die andere Ebene betrifft all die kleinen Entscheidungen, die jeder von uns täglich trifft, sei es beim Einkaufen, bei der Urlaubsplanung oder beim Schulweg. Diese vielen kleinen Entscheidungen summieren sich und ergeben addiert das Verhalten der ganzen Gesellschaft.

Fridays for Future versucht auf beiden Ebenen Veränderungen zu bewirken. Zunächst einmal richtet sich der Protest hauptsächlich an die regierenden Politiker, die dazu gebracht werden sollen, endlich wirksame Klimaschutzmaßnahmen zu treffen.

Damit ist Fridays for Future zum Teil auch erfolgreich. Bei den zahlreichen Wortmeldungen der Politik zu diesem Thema waren einige dabei, die zeigen, dass sich durchaus etwas verändert. So sagte Markus Söder (CSU), wir bräuchten eine grüne industrielle Revolution. Dieser Satz aus dem Munde eines sonst doch sehr konservativen Politikers ist für sich genommen schon eine kleine Revolution. Allerdings ist mit solchen Aussagen das Klima noch nicht einmal ansatzweise gerettet. Wie ambitioniert die Maßnahmen sind, die auf solche Worte folgen, bleibt abzuwarten.

Viel entscheidender sind jedoch die Auswirkungen, die die Fridays-for-Future-Bewegung auf die öffentliche Debatte hat. In sämtlichen Medien wird seit Monaten intensiv berichtet und diskutiert. So kommt inzwischen kaum jemand mehr an den Klimaprotesten vorbei. Je öfter die Streiks den Klimawandel in die Medien bringen, desto öfter denken Menschen darüber nach und desto mehr gewinnt unser Anliegen an Dringlichkeit. Nicht zu unterschätzen sind auch die Küchentischdiskussionen, die in den meisten Familien entstehen, wenn ein Kind, statt zur Schule zu gehen, sich der Demonstration anschließen möchte.

Selbst wenn Schüler nicht zum Streik gehen, macht es sich bemerkbar, wenn die halbe Klasse am Freitag fehlt. Auch Lehrer müssen sich immer wieder mit dem Thema beschäftigen und mit Schülern diskutieren. Wenn sich

Benjamin Dörfel und Laurens Heintze

auf diese Weise immer mehr Menschen mit der Klimakrise beschäftigen müssen, kann das Thema endlich den Stellenwert bekommen, den es verdient.

DER EINSATZ BEI FRIDAYS FOR FUTURE ist das eine. Wir sind überzeugt, wer begriffen hat, wie sehr der Klimawandel uns bedroht, der wird sein Engagement nicht beim Demonstrieren belassen. Viele Mitschüler an unserer Schule merken, wie wichtig ihr persönlicher Einsatz für Klimaschutz sein kann, und haben sich in einer Schüler-AG zusammengefunden: Jeden Donnerstag treffen sich unsere Klimaretter, um mit verschiedenen Projekten ein Bewusstsein zu schaffen für die Klimakrise und die Einflussmöglichkeiten von jungen Menschen. Denn im Unterricht kommt diese Thematik immer noch viel zu kurz.

An regelmäßigen Projekttagen, die wir Schüler in unserer Freizeit organisieren, bieten wir Workshops für die anderen an. Dabei werden dann Klimakonferenzen simuliert, es wird vegan gekocht und zu den verschiedensten Themen mit Experten Wissen ausgetauscht. Von einer Nachbarschule wurden wir dazu inspiriert, zu überlegen, wie umweltfreundliche Verkehrsmittel für Klassenfahrten attraktiver werden können. Ein anderes Mal ließen wir die Schulklassen in einem Turnier im Mülltrennen miteinander wetteifern.

Es ist wichtig, dass wir Schüler uns jetzt mit solchen Themen beschäftigen. Und wir sind froh, dass wir für die Gestaltung solcher Projekte viel Freiraum in unserer Schule bekommen. Doch es gibt auch heute noch viel zu viele, vor allem viele Erwachsene, die den Klimawandel und seine Auswirkungen verharmlosen. Diesen Klimawandelleugnern die Grundlagen zu entziehen, ist noch eine große Aufgabe.

Konsequente Klimaschutz-Maßnahmen müssen heute Vorrang haben vor kurzfristigem, wirtschaftlichem Wachstum. Denn wenn der Planet kaputt ist, lebt niemand mehr im Wohlstand. Wofür das Streben nach einer Wirtschaft, die nicht mehr dem Leben dient? Hunderte Schüler bei Fridays for Future haben sich zusammengetan und nach vielen, langen Telefonkonferenzen und unermüdlichem persönlichen Einsatz eine Reihe von Forderungen formuliert, die wir als Bewegung an die Politik stellen: Fridays for Future fordert die Einhaltung der Ziele des Pariser Abkommens und des 1,5 Grad-Ziels. Explizit fordern wir für Deutschland, im Jahr 2035 Emissionen von nettonull zu erreichen, bis 2030 aus der Kohleverstromung auszusteigen und bis 2035 die Energieversorgung auf 100 Prozent erneuerbare Energien umzustellen. Das sind Ziele, deren Umsetzung möglich ist und die die schlimmsten Auswirkungen des Klimawandels eindämmen können.

Wenn es so langsam weitergeht wie jetzt, und die Bundes-, Landes- und Kommunalregierungen an der Umsetzung der Klimaschutzmaßnahmen scheitern, werden wir weiter streiken. Wir werden nur noch konsequenter auf die Straßen gehen. Denn wir wollen nicht untätig zusehen, wie unsere Zukunft gegen die Wand

„Wenn der Planet kaputt ist, lebt niemand mehr im Wohlstand"

Benjamin Dörfel und Laurens Heintze

gefahren wird von den Leuten, die die Macht hätten, es zu verhindern.

Nächsten Freitag geht's also weiter. Wir können nur jeden dazu auffordern, Teil der Lösung und nicht des Problems zu werden. Denn es geht um unsere Zukunft. Und zwar auf einem lebenswerten Planeten. „Wir können die Welt nicht retten, indem wir uns an die Spielregeln halten. Die Regeln müssen sich ändern, alles muss sich ändern, und zwar heute," sagte Greta Thunberg im Oktober 2018 auf einer Klima-Demonstration in Helsinki.

Die Welt retten? Das können wir jungen Leute nicht alleine

EIN GESPRÄCH DARÜBER, WAS ES BRAUCHT, DEN WANDEL ANZUSTOSSEN

Seit der Klimakonferenz in Katowice engagieren Sie sich mit den Fridays-for-Future-Streiks aktiv gegen den Klimawandel. Gab es ein auslösendes Moment für Sie, sich mit dem Thema Klimawandel zu beschäftigen?

Luisa Neubauer: Ehrlich gesagt engagiere ich mich schon seit mehreren Jahren im Kontext der Klimakrise. Da gab es sicherlich verschiedene Auslöser, die mich zu dem Thema gebracht haben. Für die Streiks konkret gab es den Auslöser, dass ich zum einen im Oktober miterlebt hatte, wie in Deutschland die Debatte um den Hambacher Forst entflammte. Ich fand es wahnsinnig ungerecht, dass da ein Wald gerodet wird und es so eine gesetzte Entscheidung war. Das war eine starke Konfrontation mit Machthierarchien, die ich da erlebt habe. Daraufhin habe ich einen offenen Brief initiiert mit ganz vielen jungen Organisationen. Das Bündnis war sehr interdisziplinär. Wir hatten die muslimische Jugend und die katholische Landjugend dabei, aber auch Sportverbände und ein Jungendsinfonieorchester, die alle gesagt haben: Wir unterschreiben einen offenen Brief an die Bundesregierung und die Landesregierung, doch bitte diesen Wald stehen zu lassen, auch als Zeichen für eine gelebte Generationengerechtigkeit. Die Resonanz war fantastisch. Wir kamen in die Zeitung und dann – ist original gar nichts passiert. Wir haben zwei Antworten

Luisa Neubauer (Jahrgang 1996) ist eine deutsche Klimaschutz-Aktivistin. In Deutschland ist sie eine der Hauptorganisatoren des von Greta Thunberg inspirierten, internationalen Schulstreiks Fridays for Future („Klimastreik"). Sie tritt für einen Kohleausstieg bis 2030 in Deutschland und eine Klimapolitik ein, die mit dem Übereinkommen von Paris vereinbar ist. Neubauer ist Mitglied von Bündnis 90/Die Grünen sowie der Grünen Jugend und bei verschiedenen Organisationen engagiert, bei denen sie sich unter anderem für Klimaschutz, Generationengerechtigkeit und gegen weltweite Armut einsetzt.

bekommen vom Bundesumweltamt und vom Bundespräsidenten, die gesagt haben: Gut, dass ihr das macht. Etwa drei Monate später. Da dachte ich, das kann es nicht sein. Wir haben gerade eine riesengroße Allianz geschmiedet von jungen Akteuren, die dann ganz freundlich diesen Brief geschrieben haben. Der aber, finde ich, bedeutungsträchtig war. Und das war anscheinend völlig wirkungslos. Daraufhin war ich dann bei der Klimakonferenz ein paar Monate später und habe mir angeguckt, wie die Menschen die Welt retten. Das war zumindest der Plan. Und da habe ich Greta kennengelernt und ihr Streikkonzept näher begutachtet und dachte: Okay, wenn der eine Weg irgendwie fruchtlos erscheint, vielleicht müssen wir andere Wege gehen. Und nicht nur auf Papier präsent sein, sondern auch auf der Straße. Und dann haben wir in Deutschland die Streiks angefangen.

Sie sagen, dass Sie sich schon seit Jahren mit dem Thema Klimakrise beschäftigen. Gab es einen Auslöser, warum gerade Klima das essenzielle Thema für Sie ist?
Weil es das essenzielle Thema für die Welt ist! Also das ist am Ende die Kernproblematik, mit der wir es zu tun haben. Ich denke nicht, dass wir andere grundlegende Probleme, Gender-Ungleichheit, Armut, vermeidbare Krankheiten etc. nachhaltig lösen können, wenn wir die Klimakrise nicht in irgendeiner Form anfangen einzudämmen. Zu dieser Erkenntnis bin ich wahrscheinlich irgendwie im Laufe der Oberstufe gekommen, da war ich im Geografieprofil. Und dann habe ich mein Geografie-Studium begonnen, eben um planetare Systeme besser zu verstehen.

Welchen Wandel wollt ihr mit Fridays for Future erreichen?

In erster Instanz eine ganz banale Reduktion von Emissionen, wie das wissenschaftlich einfach notwendig ist. Und das ist ja kein linearer Prozess. Wäre nett, würde da sozusagen rational Klimapolitik betrieben werden im Sinne von: Da müssen wir hin, da sind wir, so machen wir das. Sondern was passiert, ist ein Austarieren von Werten, von Idealen, von Vorstellungen, von Ängsten, der Vision von einem System, in dem wir leben wollen. Dass auf dem Weg hin zu einer Emissionsreduktion noch ganz viel andere Sachen angestoßen werden, ganz viele andere Debatten. In welchen Wirtschaftssystem ist das überhaupt möglich, zum Beispiel Emissionen so weit zu reduzieren? Oder in welchen Finanzsystemen? Und wie lassen sich Vorstellungen von Freiheit und Wohlstand zum Beispiel in einer nachhaltigen Gesellschaft verankern?

> „Wie lassen sich Vorstellungen von Freiheit und Wohlstand in einer nachhaltigen Gesellschaft verankern?"

Das heißt, im Zweifel, glaube ich, wird ein Emissionswandel nicht ohne Gesellschaftswandel funktionieren. Und der ist ja generell mit einem wirtschaftlichen Wandel verknüpft.

Und warum, glauben Sie, ist es so wichtig, dass gerade junge Menschen sich jetzt engagieren?

Absurderweise scheint es so, als würde uns gerade diese Rolle zufallen. Für die Rolle, den Status quo zu hinterfragen, sind wir wahrscheinlich viel zu klein. Ich glaube nicht, dass das allein die Aufgabe von jungen Menschen ist. Alexandria Ocasio-Cortez hat etwas gesagt, was ich sehr passend finde: „Youth is a Mindset". Ich glaube, es geht gar nicht per se um junge Menschen, es ist diese Rolle, den Status quo infrage zu stellen, die gerade wohl vielen Menschen zufällt, die vorwiegend jung sind. Wahrscheinlich weil wir am wenigsten zu verlieren haben und am wenigsten von den bisherigen Strukturen profitieren.

Welche Rolle spielen soziale Medien? Unterstützen sie eure Bewegung?

Ja klar. Ich meine, wir sind im Jahr 2019, da funktionieren solche Dynamiken. Auch jede andere Kampagne oder Initiative oder selbst ein Marketingkonzept basiert mittlerweile auf Social Media. Und genau, weil das ein Teil des Spiels ist, bedienen wir uns auch diesen Mechanismen. Das ist spannend, gerade von einer Außenperspektive gesehen – von Menschen, die noch in einer anderen Welt aufgewachsen sind. Es irritiert viele, weil das natürlich ganz ungeheure Kräfte entfesselt. Wir erleben dann Frau Merkel, die sagt: Ah, Mensch, die sind auf einmal online so präsent, wie kommt das? Also schon auch so eine latente Ungläubigkeit über eine Kraft, die sich durch Social-Media-Nutzung, also vor allem kluge Social-Media-Nutzung, entfalten kann. Da kann man ja auch viel Mist mit bauen. Gleichzeitig ist das auch mittlerweile der Standard. Und genau wie wir über Social Media mobilisieren, funktioniert die Propaganda-Maschinerie von Institutionen, von Konzernen und von Akteuren, die den Wandel verhindern wollen, auch über Social Media. Man muss sich da angleichen an die Bedingungen der heutigen Zeit.

Was antworten Sie Klimaskeptikern oder Skeptikern eures Protests?

Dafür habe ich keine Zeit.

Was braucht ihr für Unterstützung? Was ist notwendig, damit wirklich gesellschaftlicher Wandel passiert?

Ich glaube, wir brauchen ein Verständnis dafür, dass wir nicht die Welt retten werden, sondern, dass wir eine Debatte anstoßen. Die Welt retten müssen wir schon alle zusammen. Das können nicht wir jungen Leute für andere übernehmen.

Was sollte jeder und jede Einzelne in seinem Alltag verändern?

Ich werde diese Frage am Ende von jedem einzelnen Interview gefragt. Und ich scheue sie sehr, weil ich das Gefühl habe, wir machen so einen großen Aufschlag, zu sagen: Es müssen sich ganz viele Sachen ändern. Wir müssen Systeme und Strukturen hinterfragen. Und akzeptieren, dass wir in der Art und Weise, wie wir gerade leben, als Menschheit jeden Tag ein Stückchen unserer Lebenserwartung reduzieren. Und dann kommen wir zum Ende und dann wird gefragt: Und was können wir tun? Und dann sagen wir: Oh ja, wir müssen mehr Fahrradfahren, müssen weniger fliegen, bisschen mehr Tofu, weniger Schnitzel. Die Leute gehen nach Hause und sagen: Super, das ist ja gut, das mache ich jetzt mal. Ich glaube, ein ökologisches Leben macht auch einfach glücklich in den meisten Fällen, wenn es verbunden ist mit Genuss. Ich glaube, jeder, der schon mal erlebt hat, wie nett es ist, morgens frische Luft auf dem Fahrrad zu schnappen auf einer gesicherten Fahrradstrecke und nicht in einem überhitzten Bus zu sitzen oder im Verkehr zu stecken, kann das nachvollziehen. Das ist aber nur ein Teil von einem ganz großen Komplex, den wir angehen müssen. Und da brauchen wir nicht nur klimabewusste Konsumenten oder Konsumentinnen, sondern klima-nachhaltigkeitsbewusste, politische Wesen, die in ihrem kleinen Kosmos, in dem sie aktiv sind, am Arbeitsplatz, als Teil von einer großen Demokratie oder von kleinen Demokratien, von Hausgemeinschaften, anfangen, den Wandel anzustoßen. Das beginnt oft mit der Sprache, mit Debatten, mit Diskursen – hört da aber nicht auf. Und wie ich eben meinte, wir junge Menschen werden das nicht für andere übernehmen können. Genauso wie wir auf der Straße die Bundesregierung herausfordern, brauchen wir jeden einzelnen Arbeitnehmer und jede Arbeitnehmerin dieses Landes, die in ihren Wirtschaftskontexten hinterfragen, wie da eigentlich die Zukunft und mit ihr auch die Klimakrise angegangen wird. Und jeden Einzelnen, der irgendwie in Bildungseinrichtungen lehrt und sich fragt: Was geben wir den Menschen eigentlich mit, um das besser zu verstehen, was gerade mit der Welt passiert? Wir sind ja auch Teil vom großen Ganzen. Und das gleiche gilt für Glaubenseinrichtungen, die Menschen nochmal ganz anders be-

> „Wir haben Systeme verankert, von denen wenige Unternehmen profitieren, die Geld mit der Ausbeutung von natürlichem Lebensraum machen"

rühren, als wir das tun, nämlich viel mehr im Herzen. Auch da geht es darum, immer weiter diese Sachen zu sehen, diese Gedanken anzustoßen, die unbequem sind, die in Frage stellen, wer welche Privilegien genießt und warum. Aber zu sagen, „Leute, fahrt mehr Fahrrad", das ist nicht endgültige Antwort.

Sie haben die Arbeitnehmer angesprochen. Welche Rolle sehen Sie bei der Wirtschaft? Sie haben gesagt, dass Sie auf der Straße die Bundesregierung herausfordern. Sie sprechen auch bei der RWE-Aktionärsversammlung. Fordern Sie auch die Wirtschaft heraus?

Ja, das ist wie Pingpong. Wir haben Systeme verankert, von denen am Ende des Tages wenige Unternehmen profitieren, die Geld mit der Ausbeutung von natürlichem Lebensraum machen. Würde es keine wirtschaftlichen Interessen dahinter geben, dann würden wir auch nicht weiter die Klimazerstörung vorantreiben oder zumindest hinnehmen. Das heißt, ja, es geht darum zu hinterfragen: Wer sind diese Akteure, die sich nach wie vor einsetzen für diese wirtschaftlichen Interessen? Wer sind die Profiteure am Ende? Und welche Macht haben die? Dann erleben wir dieses Pingpong, dass die Politik behauptet, sie würde den Industriestandort und Wohlstand für ein gesamtes Land schützen, indem sie, zum Beispiel, Klimaschutz nicht radikaler denkt. Und gleichzeitig ist dieser Schutz ja eine Illusion, weil wovor möchte denn die Bundesregierung die Industrien schützen und wer sind diese Industrien? Das sind am Ende sehr, sehr wenige, die profitieren und ein paar als Argument missbrauchte Arbeitsplätze, wobei aber kein Sinn und Verstand dahintersteckt, sondern einfach eine polemische Argumentation. Und gleichzeitig gibt es ganz, ganz viele Industrien, mittelständische Unternehmen in Deutschland, junge Unternehmen, die beschützt werden müssten, nämlich vor unvorhersehbaren Naturkatastrophen, vor Extremwetterevents, vor denen niemand versichert ist. Und die sich danach sehnen, in einem Land irgendwie wirtschaften zu können, bei dem Standards gesetzt sind, die sich international auch für dieses Jahrhundert durchsetzen können, also im wirtschaftlichen Rahmen gedacht. Das heißt, auf der einen Seite ist da eine ganz große Sehnsucht nach Leitlinien, nach einer Regierung, die tatsächlich etwas macht. Auf der anderen Seite, auf der Regierungsseite, gibt es eine ganz große Unsicherheit, wo denn die Reise jetzt hingehen sollte. Leider wurden viele Momente verpasst, das zu ändern und mal loszulegen, Impulse zu setzen. Also die Wirtschaft ist enorm wichtig, deswegen appellieren wir so sehr an sie, weil sie mit aller Kraft beeinflusst, was politisch entschieden wird. Und ich denke schon, dass wir jungen Menschen ein bisschen Impact haben können, wenn wir auf der Straße sind. Dass manche Menschen schon denken: Huch, das ist ja irgendwie ein Thema. Wird ja dann auch viel aufgegriffen, nicht nur auf der Straße, sondern auch am Esstisch oder in der Schulklasse und in den Büros. Und in den Medien. Was es braucht, ist noch ein viel stärkerer Impuls seitens der Wirtschaft, die sich zusammenschließt und sagt: „Bitte hört auf, uns als Vorwand zu nutzen, dass ihr nichts tut und macht endlich mal."

Sie waren auch beim Kirchentag in Dortmund. Sehen Sie auch eine besondere Rolle, die Kirche und Gemeinden haben?

Ja. Wirtschaftlich gedacht haben Kirchengemeinden einfach wahnsinnig viel Geld und ich finde es absolut skandalös, dass Kirchengemeinden oder Diözesen nach wie vor Unsummen in fossile Energien, in klimazerstörende Technologien investiert haben und das damit beschleunigen. Das wirft aus meiner Sicht viele Fragen auf nach Ehrlichkeit und Aufrichtigkeit zu dem, was man sagt und wie man das lebt. Das ist das eine. Zum anderen geht es natürlich noch viel mehr darum, mit welchen Botschaften Menschen erreicht werden. Und mittlerweile, also, wenn man biblische Inhalte übersetzt ins 21. Jahrhundert, stellt man fest, dass Jesus ein Klimaflüchtling war. Und im Endeffekt all das erlebte, was wir gerade prophezeien. Was nicht apokalyptisch ist, sondern klimarealistisch. Aber wir werden keine Arche Noah bauen können für zehn Milliarden Menschen, sondern müssen die Notwendigkeit dafür begraben. Mit diesen Botschaften, Handlungsbereitschaft zu wecken, steht auf der To-Do-Liste der Kirchen in Deutschland.

> „Wir werden keine Arche Noah bauen können für zehn Milliarden Menschen"

Wie handhaben Sie es mit Ihrer eigenen Klimabilanz?

Ich habe eine kurzfristige Klimabilanz, ich esse kein Fleisch und wenige Tierprodukte, fliege sehr selten, kompensiere, fahre Bahn, habe kein Auto. Alles, was in meinen Augen auch langfristig ein gutes Leben ausmacht. Das ist kein

Hexenwerk, das ist ein Privileg, dass ich die Möglichkeit habe. Und die langfristige Klimabilanz: politisch und gesellschaftlich Räume mit dem Klima füllen. Ich glaube, Klima ist ein bisschen wie der Feminismus, immer ein bisschen ein ungebetener Gast. Man kommt rein und die Leute sagen: Ah, unsere Klimabilanz ist auch gut. Genau wie man sonst reinkommt und sagt: Ja, wir haben auch gerade ein weibliches Vorstandsmitglied. Da müssen wir, glaube ich, so lange rumhängen, bis es eine Selbstverständlichkeit ist. Bis das keine Frage mehr ist. Und bis die Menschen oder die Institutionen reagieren, die es immer noch nicht geschnallt haben, dass wir im 21. Jahrhundert leben und kurz vor gigantischen Transformationen sind, die möglicherweise fantastisch werden oder die wir eben, im schlimmsten Fall, verschlafen.

Luisa Neubauer

Friederike Meier und Susanne Schwarz

Wie wir uns wandeln können

PRAKTISCHE TIPPS
FÜR EIN KLIMANEUTRALES LEBEN

Durchschnittlich sind die Deutschen jedes Jahr für den Ausstoß von rund elf Tonnen Kohlendioxid verantwortlich – pro Person. Damit tragen wir viel stärker zur Klimakrise bei als der Großteil der Menschen auf der Welt. Zum Vergleich: In Indien liegt der Pro-Kopf-Ausstoß bei 1,8 Tonnen.

Die Klimakrise ist ungerecht, Klimaschutz ist deshalb eine Frage von Politik und von Werten. Dieses Buchkapitel ist eine Spurensuche in zweierlei Hinsicht. Es zeichnet nach, aus welchen Teilen unser ökologischer Fußabdruck besteht – und liefert praktische Tipps, wie man ihn verringern kann. Es geht aber auch darauf ein, wie wir alle die Welt gestalten und so gewissermaßen einen ökologischen Handabdruck entwickeln können.

Ein klein wenig CO_2 kann die Erde verkraften, denn Pflanzen und Moore binden das Treibhausgas – nur eben bei Weitem nicht so viel, wie wir zurzeit permanent in die Atmosphäre katapultieren. Wenn man die Grenzen des Planeten einhalten und das verbleibende CO_2-Budget zu gleichen Teilen auf jeden Erdenbürger aufteilen wollte, bliebe für jeden etwa eine Tonne CO_2 pro Jahr. Wer wissen will, wie hoch genau seine ganz persönliche Klimaschuld ist, kann den CO_2-Rechner des Umweltbundesamts nutzen.

Friederike Meier, Jahrgang 1989, ist Redakteurin beim Onlinemagazin klimareporter°. Sie hat Geoökologie und Stadtökologie studiert – ihre Leidenschaft für Chemie, Böden und Umweltschutz lebt sie aber am liebsten journalistisch aus. Sie arbeitet außerdem als freie Journalistin in Berlin.

Susanne Schwarz, Jahrgang 1991, arbeitet als freie Journalistin in Berlin. Sie ist zudem Redakteurin beim Onlinemagazin klimareporter° und Geschäftsführerin des Verlags Klima-JournalistenBüro. Sie beschäftigt sich vor allem mit den politischen und sozialen Seiten der Klimakrise.

Die schlechte Nachricht ist: Alles wird sich verändern – egal, was wir tun. Zurzeit steuert die Welt auf eine Erderwärmung zwischen drei und vier Grad gegenüber vorindustriellen Zeiten zu. Das wäre überall, aber vor allem im Globalen Süden mit riesigen Schäden und unvorstellbarem Leid verbunden. Eigentlich haben die Staaten des Pariser Weltklimaabkommens deshalb versprochen, die Erderhitzung auf 1,5 oder höchstens zwei Grad zu begrenzen.

Die gute Nachricht: Wenn die Menschheit sich dafür entscheidet, sich radikal zu verändern, kann sie eine Katastrophe abwenden. Wir können positive Spuren hinterlassen, wenn wir wollen. Also, was soll es sein: rückwärts in die Krise oder vorwärts in etwas, das man guten Gewissens Zukunft nennen kann?

Den Fußabdruck minimieren

HOME, SWEET HOME

Eine schön warme Wohnung im Winter oder ein gekühltes Getränk im Sommer: Um indirekt CO_2-Emissionen zu verursachen, müssen wir nicht mal aus dem Haus gehen, denn oft werden Wärme und Strom noch mit fossilen Brennstoffen erzeugt.

Aber auch Mieterinnen und Mieter, die selten Einfluss darauf haben, wo ihre Wärme herkommt, können im Haushalt viel ändern. Zum Beispiel spart es schon viel Heizenergie, die Zimmertemperatur um ein Grad zu reduzieren. Um beim Warmwasser Energie zu sparen, hilft es, die Hände mit kaltem Wasser statt mit warmem zu waschen – genauso hygienisch, weniger Energieaufwand. Auch wer duscht, statt zu baden, spart Energie und damit Emissionen.

Dass es sinnvoll für das Klima ist, auf Ökostrom umzusteigen, versteht sich von selbst. Wer sich einen Anbieter aussucht, sollte darauf achten, dass dieser auch wirklich den Ausbau erneuerbarer Energien fördert.

Außerdem sollte man sich anschauen, wie effizient der eigene Kühlschrank oder die Waschmaschine ist. Wenn ein Kühlschrank vor dem Jahr 2000 gekauft wurde oder eine schlechtere Effizienzklasse als B hat, lohnt es sich laut dem Öko-Institut, ihn durch ein effizientes (Effizienzklasse A+++) Gerät zu ersetzen, auch wenn er noch funktioniert.

VON A NACH B

Es ist toll, die weite Welt zu sehen – aber sich dorthin zu bewegen, schadet dem Klima. Das gilt natürlich auch für die weniger spannenden Alltagswege.

Überhaupt nicht zur Last fällt man dem Klima, wenn man läuft oder Fahrrad fährt. Praktischer Nebeneffekt: Das sorgt gleichzeitig für Bewegung an der frischen Luft.

Natürlich gibt es Strecken, auf denen das nicht in Frage kommt. Dann ist der öffentliche Nahverkehr in der Regel die beste Wahl. Bei durchschnittlicher Auslastung verursachen Linienbus, Straßenbahn & Co zwischen 63 und 75 Gramm Treibhausgase pro Person und Kilometer. Zum Vergleich: Beim Auto sind es durchschnittlich 140 Gramm.

Wer auf ein Auto angewiesen ist, kann darüber nachdenken, ob er wirklich ein eigenes Fahrzeug braucht.

Vielleicht kann man sich eines im Haushalt oder gar mit Nachbarn teilen – oder auf ein bestehendes Carsharing-System zurückgreifen. Wenn insgesamt weniger Autos da sind, geht auch weniger öffentlicher Raum für Parkflächen verloren.

Und was Fernreisen angeht, gibt es eine so bedauerliche wie eindeutige Regel: Fliegen macht die beste Klimabilanz kaputt. Schon mit einer Reise von Berlin nach London und zurück verursacht man etwa eine halbe Tonne Kohlendioxid. Soll es stattdessen nach Bangkok gehen, geht es um mehr als fünf Tonnen. Ob eine solche Reise nötig ist, sollte man sich also gut überlegen. Viele schöne Reiseziele erreicht man auch mit Bus und Bahn.

AUF NAHRUNGSSUCHE

Klima geht durch den Magen: Produktion, Transport und Lagerung von Lebensmitteln verursachen Kohlendioxid und andere Treibhausgase wie Lachgas und Methan. Es gibt aber ein paar einfache Faustregeln, nach denen man sich richten kann, um dem Klima möglichst wenig zu schaden. Die erste und wichtigste lautet: Pflanzliche Nahrung hat eine bessere Ökobilanz als tierische. Natürlich fallen auch beim Anbau und Transport von Pflanzen Emissionen an. Tierische Produkte sind aber ineffizienter: Von den Pflanzen, die die Tiere fressen, könnte man mehr Menschen ernähren als letztendlich von dem produzierten Fleisch. Hinzu kommt im Falle von Kühen, dass ihre Verdauung Methan freisetzt. Rindfleisch ist schon deshalb schädlicher fürs Klima als etwa Hühnchen. Auch Milchprodukte sind deswegen vergleichsweise klimaschädlich.

Geht es rein um den Klimaeffekt, also nicht um den Tierschutz, muss man bei einer vegetarischen Ernährung also genau hinschauen: Wer viel Käse, Milch und Sahne zu sich nimmt, könnte eine schlechtere Bilanz haben als jemand, der Hühnchen isst.

Ein zweiter Faktor, der in der Klimabilanz ordentlich zu Buche schlägt, ist die Herkunft der Lebensmittel: Regional produzierte Nahrung ist in der Regel klimafreundlicher als per Flugzeug oder Schiff importierte. Und drittens ist frische Kost oft ökologisch sinnvoller als Fertigessen: Man kann besser kontrollieren, was im Essen enthalten ist, außerdem entfällt der Energieaufwand bei Produktion und Lagerung.

RAUS AUS DEM KAUFRAUSCH

Eine neue Jeans, das neueste Smartphone? Bei der Herstellung und beim Transport all dieser Produkte wird CO_2 freigesetzt. Im Durchschnitt macht der Konsum von Kleidung, Möbeln, Elektrogeräten, aber auch von Freizeit- und Urlaubsaktivitäten und Bildung laut dem Umweltbundesamt fast ein Drittel des persönlichen CO_2-Ausstoßes aus.

Die wichtigste Regel ist: Am besten für das Klima ist das Produkt, das nicht gekauft wird. Wer also ein funktionierendes Smartphone hat, verwendet es am besten weiter, bis es kaputtgeht. Eine Ausnahme hiervon sind übrigens sehr alte Geräte, die viel Strom verbrauchen, wie Kühlschränke und Waschmaschinen.

Sollte das Gerät dann doch nicht mehr funktionieren, ist Reparieren angesagt. In vielen Städten gibt es inzwischen Repair-Cafés und Selbsthilfewerkstätten, wo

„PERSÖNLICH ÜBER DAS KLIMA SPRECHEN"

Herr Jones, wie spricht man am besten mit Menschen, die Klimaschutz ablehnen?
Drew Jones: Ich arbeite jetzt seit ungefähr dreißig Jahren an solchen Fragen. Und meine beste Antwort darauf ist immer noch ein Zitat meines Mentors John Sterman vom MIT. Er sagte: „Forschung zeigt, dass Forschung zeigen nicht funktioniert." Aber genau das ist es, was wir seit Ewigkeiten machen. Wir sagen: Guckt mal, Leute, es gibt hier diese Studie, die zeigt, wie wichtig Klimaschutz ist! Doch das bringt leider nicht viel.

Wie macht man es besser?
Wichtig ist die soziale Erfahrung. Die Botschaft muss über eine persönliche Verbindung überliefert werden, es braucht dafür zwischenmenschliche Nähe, Respekt und Vertrauen. Anders gesagt: Mein verrückter Onkel Harry muss daran glauben, dass ich ihn liebe, dass ich ihn nicht nur rumkriegen will, ein effizienteres Auto zu kaufen. Eventuell kann auch das helfen, was wir Multisolving nennen – also mehrere Probleme auf einen Schlag lösen.

Das heißt, zum Beispiel mit den Vorteilen für die Gesundheit zu werben, nicht nur mit dem Klimaschutz, wenn es um die Senkung von Abgasen geht?
Ja. Durch weniger Kohlekraftwerke und Autos verbessert man Luft- und Wasserqualität. Klimaschutz mindert also nicht nur Gesundheitsrisiken für Menschen im Jahr 2040, sondern jetzt sofort. Das kann Menschen das Gefühl geben, dass sie nicht nur Dinge aufgeben. Sie gewinnen auch etwas.

Drew Jones ist Mitgründer der US-Denkfabrik Climate Interactive und ist Experte für Klimakommunikation.

Menschen sich gegenseitig dabei helfen, Bügeleisen, Fahrräder und sogar Smartphones zu reparieren.

Wenn das Gerät nicht zu reparieren ist und etwas Neues her muss gilt: Je langlebiger, desto klimafreundlicher. Klimafreundlich ist es auch, gebrauchte Produkte zu kaufen. Auf dem Flohmarkt, in Second-Hand-Läden, bei Online-Tauschbörsen oder bei Kleidertauschpartys gibt es gebrauchte Kleidung, Möbel und Haushaltsgeräte.

„DAS SIND DIE ‚KEY POINTS'"

Herr Bilharz, wie sieht wirksamer Klimaschutz im Alltag aus – müssen wir alle zu CO_2-Erbsenzählern werden?
Michael Bilharz: Das müssen wir nicht – und sollten wir auch nicht. Wenn man den ganzen Tag bei jeder Handlung über den Klimaeffekt nachdenkt, wird man verrückt. Es gibt aber einige „Key Points", die wir alle anpacken sollten. Vom Politischen her gedacht gibt es vier große Themen: einen vorgezogenen Kohleausstieg, 100 Prozent erneuerbare Energien, eine wirksamere CO_2-Bepreisung und eine deutliche Steigerung der Energieeffizienz.

Und wie können wir dazu beitragen?
Das leitet sich aus den genannten Themen ab: Erneuerbare Energien fördert man durch den Bezug von Grünstrom, die Beteiligung an einer Energiegenossenschaft oder den Umzug des Sparbuchs zu einer grünen Bank. Für die Energieeffizienz kann man zum Beispiel bei Haushaltsgeräten die oberste Kategorie des Energielabels wählen. Mit freiwilliger Klimakompensation leben wir praktisch klimaneutral – und signalisieren gleichzeitig der Politik unsere Bereitschaft, für CO_2 zu zahlen.

Also die großen Baustellen vor dem Klein-Klein?
Das Schöne ist ja: Um solche Weichenstellungen muss man sich nur einmal kümmern und schon lenken sie viele unserer Handlungen in die richtige Bahn. Hab ich mich zum Beispiel einmal für Ökostrom entschieden, wird automatisch jedes meiner Elektrogeräte klimafreundlicher.

Und welche Weichen gibt es für den schnellen Kohleausstieg?
Für den kann man in seinem Privatleben nicht viel tun, da hilft nur politischer Druck. Aktuell übt man den wohl am wirksamsten aus, indem man Fridays for Future unterstützt.

Der Sozialwissenschaftler **Michael Bilharz** arbeitet beim Umweltbundesamt an Strategien des nachhaltigen Konsums.

SCHULE MACHEN

Lernen ist wichtig, na klar – wer will da schon ans Klima denken? Tatsächlich wäre das sinnvoll, was das Lernen in der Schule angeht. Schulen sind schließlich oft große Gebäude, brauchen viel Strom und Heizenergie. Hunderte Menschen müssen jeden Tag zu ihnen hin- und von ihnen wegkommen, manche von ihnen mit Auto, Bus oder Zug. Und erst die Klassenfahrten!

An all diesen Punkten lässt sich aber ansetzen: Vielleicht kann man anregen, dass die Schule Ökostrom bezieht – möglicherweise sogar teilweise aus einer Solaranlage vom Dach? – oder ihre Energieeffizienz verbessert. Es gibt sogar Angebote wie das Fifty/Fifty-Projekt des Unabhängigen Instituts für Umweltfragen, die dabei helfen. Und die Klassenfahrten zum Sprachenlernen nach London oder Paris müssten nicht unbedingt mit dem Flugzeug stattfinden.

Die Ohren von Lehrpersonal und Schulleitung sind dafür nicht offen? Dann lohnt es sich, mal den Weg der demokratischen Teilhabe auszuprobieren: Vielleicht gibt es ja eine Mehrheit für Klimaschutz in der Schülervertretung. Die kann sich dann wiederum in der Schulkonferenz oder im Schulvorstand stark machen. Eltern können dasselbe über die Elternvertretung probieren. Und wenn das alles nichts hilft, ist es vielleicht an der Zeit, zum ersten Mal zu üben, wie man einen Protest organisiert.

Lehrer haben zudem eine besondere Verantwortung: Sie können in Unterricht und Arbeitsgemeinschaften über die Klimakrise aufklären – sowohl in naturwissenschaftlicher Hinsicht als auch in der politischen Bildung (siehe Interview mit Stefan Rostock).

BÜROZEITEN: FÜRS KLIMA GEÖFFNET

Zwischen Deadlines, Kunden und Chefinnen hat man beim Arbeiten meist anderes im Kopf als die Klimakrise –

es gibt aber ein paar einfache Stellschrauben, die den Arbeitsalltag klimafreundlicher machen. Elektrogeräte kann man energiesparend nutzen, indem man sie bei längeren Pausen komplett ausstellt, statt sie nur im Stand-by-Modus laufen zu lassen – denn der verbraucht natürlich auch Strom, und zwar ziemlich unnütz. Dem Kollegen beizuspringen, der ständig über Luftzüge durch die angekippten Fenster klagt, ist auch fürs Klima vorteilhaft: Beim derartigen Lüften entweicht dem Raum viel Wärme, es kommt aber kaum Frischluft hinein. Besser ist das Stoßlüften für fünf bis zehn Minuten bei weit geöffnetem Fenster, übrigens auch zu Hause.

Und: Papiersparen ist ein alter Tipp, aber ein guter. Recycling-Papier ist besser als neu hergestelltes – aber am klimafreundlichsten ist die Seite, die niemals ausgedruckt wurde. Durch einen Vermerk in der eigenen E-Mail-Signatur, dass die Leserin vor dem Drucken prüfen soll, ob ein Ausdrucken wirklich nötig ist, kann man andere zum Mitmachen animieren.

Wer die Möglichkeit hat, sollte sich unbedingt dafür einsetzen, dass das Unternehmen als Ganzes klimafreundlicher wird: etwa dadurch, dass Ökostrom gebucht wird oder die Dienstwagenflotte durch eine Mischung aus E-Autos und (E-)Fahrrädern ausgetauscht wird. Bei der Wahl von Elektrogeräten sollte natürlich auf Energieeffizienz geachtet werden. Im Falle von Druckern, Kopierern und Scannern sind zentral genutzte Multifunktionsgeräte sinnvoller als lauter Einzelgeräte – sie haben weniger Leerlauf.

DAS ÖRTLICHE

Städte und Kommunen können viel zum Klimaschutz beitragen. Sie können zum Beispiel ihre Straßenbeleuchtung effizienter machen, indem sie sie durch LED-Leuchten ersetzen, oder dafür sorgen, dass mehr Gebäude an das Fernwärmenetz angeschlossen sind. Viele Städte setzen sich außerdem für erneuerbare Energien und mehr Energieeffizienz ein.

Gerade auf kommunaler Ebene können vielfach Bürgerinnen und Bürger Einfluss nehmen – es lohnt sich also, sich zu engagieren. So hat die Stadt Münster im Jahr 2015 als erste in Deutschland beschlossen, ihre Gelder aus fossilen Unternehmen abzuziehen – vor allem auf Druck der Divestment-Bewegung. Weitere Städte folgten.

Dazu hat sich eine weitere Bewegung gesellt: Auf Druck von Fridays for Future hat Konstanz am Bodensee als erste Stadt in Deutschland im Mai 2019 den Klimanotstand erklärt. Der Stadtrat hat einen Beschluss gefasst, durch den der Klimaschutz einen neuen Stellenwert bekommen. Dem Beispiel von Konstanz haben sich inzwischen viele Kommunen angeschlossen.

Den Handabdruck vergrößern

Alle Möglichkeiten, den Lebensstil zu ändern, sind ausgeschöpft? Oder ein Flug ist doch einmal nicht zu vermeiden? Wer trotzdem so gut wie möglich das Klima schützen will, kann seine Emissionen kompensieren.

Damit ist es natürlich nicht möglich, den CO_2-Fußabdruck wieder komplett wegzuwischen: Das CO_2 bleibt in der Luft. Dafür wird durch die Zahlung dieselbe Menge CO_2 an einem anderen Ort auf der Welt eingespart.

Kompensieren ist inzwischen über viele Anbieter möglich, etwa die Klima-Kollekte oder Atmosfair. Das Prinzip ist immer dasselbe: Wer kompensieren will, zahlt Geld an den Kompensationsdienstleister, der damit Klimaschutzprojekte unterstützt – oft, aber nicht nur in Entwicklungsländern.

Eine Tonne CO_2 zu kompensieren kostet bei Klima-Kollekte oder Atmosfair 23 Euro. Ein Deutscher verursacht um die elf Tonnen im Jahr – es würde also 253 Euro kosten, diese Menge an CO_2 auszugleichen.

STRUKTURSTÄRKE

Klimawandel und Klimaschutz haben ökologische Symptome – aber politische und ökonomische Ursachen. Als Verbraucher kann man einen Teil davon in Angriff nehmen, aber nicht alle. Selbst wenn man alles getan hat, um seinen ökologischen Fußabdruck zu minimieren, bleiben sogenannte öffentliche Emissionen übrig: durch die

„KOMPENSIEREN NUR MIT HOHEM STANDARD"

Frau Henke, wie funktioniert die Kompensation bei der Klima-Kollekte?

Olivia Henke: Die Klima-Kollekte sorgt dafür, dass in einem Klimaschutzprojekt die entsprechende Menge CO_2 eingespart wird. So werden zum Beispiel in einem unserer Projekte im ländlichen Indien traditionelle Drei-Stein-Herde mit Holzfeuer durch haushaltsnahe Biogasanlagen ersetzt. Diese werden mit Abfall aus der Landwirtschaft und Kuhdung befüllt. Das Holz wird hier komplett durch die erneuerbare Energie ersetzt, das spart CO_2. Dass das auch wirklich CO_2 einspart, lassen wir uns extern zertifizieren. Wir verwenden dafür den höchsten Standard, den es derzeit gibt, den Gold Standard. Diese Organisation überprüft die Projekte auch vor Ort und schaut beispielsweise, wie viele Stunden am Tag die Biogasanlagen tatsächlich genutzt wurden. Wir bekommen dann Zertifikate für die Menge CO_2, die eingespart worden ist, die wir für die Kompensation nutzen.

Was ist das Besondere an der Klima-Kollekte?

Bei uns ist das besondere, dass wir über unsere kirchlichen Gesellschafterhäuser wie Brot für die Welt auf langjährige Beziehungen zu Partnerorganisationen vor Ort zurückgreifen können. So können wir die Bedarfe der Menschen vor Ort identifizieren und Projekte umsetzen, die Klima schützen und Lebensbedingungen der Familien verbessern. Wir arbeiten nur mit Partnerorganisationen aus Entwicklungs- und Schwellenländern zusammen, weil wir unter dem Gesichtspunkt der Klimagerechtigkeit die Menschen unterstützen wollen, die von den Auswirkungen des Klimawandels besonders betroffen sind. Mit den Klimaschutzprojekten ermöglichen wir so zum Beispiel einen Zugang zu einer Energiequelle aus erneuerbaren Energien.

Was soll ich beachten, wenn ich einen Anbieter für die Kompensation suche?

Es ist wichtig, auf den Gold Standard zu achten. Der stellt sicher, dass Aspekte der nachhaltigen Entwicklung berücksichtigt und Menschen vor Ort von Beginn an beteiligt werden. Wir unterstützen außerdem keine Aufforstungsprojekte, weil damit nicht zwangsläufig sichergestellt ist, dass das CO_2 dauerhaft eingespart wird und die Landrechte der Menschen nicht immer ausreichend beachtet werden.

Olivia Henke ist Geschäftsführerin der Klima-Kollekte.

Straßenbeleuchtung zum Beispiel, durch die Nutzung von Krankenwagen, durch die Stromversorgung öffentlicher Gebäude. Außerdem stehen bestimmte klimafreundliche Verhaltensweisen nicht allen Menschen offen: Bio-Gemüse und Ökostrom beispielsweise sind teurer als ihre konventionellen Äquivalente, Fernreisen mit der Bahn oft teurer als mit dem Flugzeug. Um das zu ändern, muss die Politik gegensteuern. Einfluss nehmen kann man auf verschiedenen Wegen. Der erste und offensichtliche Schritt ist das Wählen. Aber auch in den Jahren zwischen Wahlen gibt es Möglichkeiten wie die Organisation von oder Teilnahme an Protesten.

Wer keine Zeit für politischen Aktivismus hat, kann ihn auch finanzieren. Jede Nichtregierungsorganisation und auch jede Protestgruppe braucht Geld für ihre Arbeit – sie sind deshalb auf Spenden angewiesen. Umweltverbänden, die nicht nur auf Protest, sondern auch auf Methoden des Lobbyismus setzen, hilft es auch, wenn man Mitglied wird. Dann trägt man durch seine regelmäßigen Beiträge zur Finanzierung bei – und die NRO kann Politikern gegenüber mit hohen Mitgliederzahlen glaubhaft machen, dass ihre Vorschläge in der Bevölkerung große Unterstützung genießen.

Weiterlesen, weitergucken, weiterhören

Youtube-Kanal „Global Weirding" (englischsprachig):
Fragen zu Klima, Politik und Religion anschaulich und unterhaltsam
beantwortet von der christlichen Klimaforscherin Katharine Hayhoe:
www.youtube.com/channel/UCi6RkdaEqgRVKi3AzidF4ow/featured

klimareporter:
Online-Magazin, das tagesaktuell und hochwertig über Klimapolitik,
Energiewende und Klimaforschung berichtet:
www.klimareporter.de

Auf der Suche nach rein pflanzlichen Gerichten?
Auf dem Portal „100 Affen" kann jede ihre veganen Lieblingsrezepte
hochladen oder sich von den Kreationen der anderen „Affen" inspirieren
lassen: **www.100affen.de**

Urlaubsstimmung geht auch ohne Palmen – und ohne Flugzeug.
Außergewöhnliche Reiseziele in Deutschland stellt das Projekt „Katzensprung"
vor: **www.katzensprung-deutschland.de**

Ein außergewöhnliches Duo:
Die irischstämmige Komikerin Maeve Higgins und Irlands frühere
Präsidentin Mary Robinson haben einen gemeinsamen Podcast, in dem
sie über und mit Frauen aus aller Welt sprechen, die der Welt ihren
„ökologischen Handabdruck" geben. „Mothers of Invention" – überall
hörbar, wo es Podcasts gibt.

Die Stromfresser im Haushalt finden
oder klimabewusster Heizen? Bei der gemeinnützigen Organisation CO_2-Online
gibt es Informationen rund um Energieeffizienz im Haushalt:
www.co2online.de

CO_2-Online bietet auch die App Ecogator (**www.co2online.de/ueber-uns/
kampagnen-projekte/ecogator**) an. Mit dieser können Verbraucherinnen
und Verbraucher im Laden das Label eines Produkts scannen und bekommen
Informationen zur Energieeffizienz.

Auf der Seite www.ecotopten.de

gibt das Ökoinstitut Empfehlungen für ökologisch sinnvolle Produkte – von Kühlschrank über LED-Leuchte, Laptop oder Outdoorkleidung. Hier gibt es auch eine Auflistung von Ökostromanbietern.

Wer Hilfe bei der Auswahl eines Ökostromanbieters sucht,

wird auch beim Label OK Power (**www.ok-power.de/fuer-strom-kunden/ anbieter-uebersicht.html**) oder bei Utopia (**utopia.de/bestenlisten/ die-besten-oekostrom-anbieter**) fündig. Neben seinem eigenen Ökostrom empfiehlt Greenpeace auch noch andere Ökostromanbieter: **www.greenpeace.de/themen/energiewende/oekostromanbieter**

Auf der Seite www.fussabdruck.de

von Brot für die Welt gibt es einen Rechner zum ökologischen Fußabdruck sowie Tipps, um diesen zu verkleinern.

„NACHHALTIGES VERHALTEN ZUM STANDARD FÜR ALLE MACHEN"

Herr Rostock, welche Rolle können Lehrer und Erzieher beim Klimaschutz spielen?
Stefan Rostock: Eine Bildung für nachhaltige Entwicklung befähigt Lernende, die politische Situation sowie die eigene Rolle darin zu analysieren – und Wege zu suchen, die Situation im Sinne der eigenen Interessen zu beeinflussen. Das gehört übrigens zu den UN-Zielen für nachhaltige Entwicklung, die auch für Deutschland gelten.

Es geht also darum, dass der Klimawandel nicht nur im Geografie-Unterricht angesprochen wird.
Die naturwissenschaftlichen Grundlagen des Klimawandels zu vermitteln, ist wichtig, das passiert ja auch erfolgreich. Der Schutz unserer Lebensgrundlagen ist aber nicht nur eine technische Herausforderung, sondern ein politischer, sozialer und kultureller Prozess. In diesem Sinne geht es beim Klimaschutz auch um Teilhabe, Mitsprache, Werte, Verteilung von Lasten und Gewinnen. In einem Wort: um Gerechtigkeit – und das von der lokalen bis zur globalen Ebene. Es gibt keinen Bereich der Gesellschaft, der nicht mit Klimaschutz oder Folgen der Klimakrise zu tun hätte. Insofern ist das ein Thema für alle Fächer und auch den Schulalltag. Nachhaltigkeit erfordert neue Rahmenbedingungen, damit das Nicht-Nachhaltige nicht der Normalfall bleibt. Das passiert in der Schule zum Beispiel durch Schüler- und Lehrermitbestimmung, Schulleitbilder, Lehrpläne, grüne Schulgebäude und durchdachte Mobilität.

Wie kann Bildung für eine nachhaltige Entwicklung konkret aussehen?
Pädagogen helfen Lernenden dabei, Verantwortungsbewusstsein zu entwickeln und politische Mitgestaltungswege zu entdecken. So viel wissen wir schließlich: Individuelles Verhalten zu ändern, also den ökologischen Fußabdruck, ist wichtig und gut – politisches Engagement, das Strukturen dauerhaft nachhaltiger macht, ist noch wirksamer. Im Idealfall macht es nachhaltiges Verhalten für alle normaler, leichter und preiswerter. Das sind gelungene Handabdruck-Aktionen. Zum Beispiel hat sich eine Berliner Schülerin dafür eingesetzt, dass für Kursfahrten und Sprachreisen an ihrer Schule nachhaltige Kriterien beschlossen wurden – mit Erfolg. Ihr ist es gelungen, nachhaltigeres Verhalten zum Standard für alle zu machen.

Wo liegen die Grenzen der Bildung für nachhaltige Entwicklung?
Eine häufige Grenze ist der Mangel an didaktischer und politischer Fantasie. Bei einer transformativen Bildung für nachhaltige Entwicklung verwischen die Grenzen zwischen Lehrenden und Lernenden. Wir entdecken Politik als gemeinsamen Lernraum und haben Entscheidungsträger als Lernende im Blick.

Stefan Rostock ist Experte für Nachhaltigkeitsbildung bei der Entwicklungs- und Umweltorganisation Germanwatch.

Klima in meiner Kirche

Es gibt Hoffnung. Das ist die Botschaft, die Kaplan Anish Mandackal in der katholischen Kirche von Hoyerswerda in Sachsen den **Klimapilgern** mit auf den Weg gibt. „Wenn Sie heute durch unser Braunkohlerevier gehen und die Kraftwerke sehen, sollen Sie trotzdem Hoffnung haben", sagt der Kaplan.

An diesem Tag im November 2018 sind die Klimapilger auf einer von vielen Etappen auf dem Weg von Bonn zur Klimakonferenz nach Katowice. Insgesamt sind sie über 1.800 Kilometer unterwegs. Mit ihrer Pilgerreise protestieren sie für mehr Klimagerechtigkeit, den Kohleausstieg und ein wirksames Regelwerk für das Pariser Abkommen.

Während des Pilgerns leben sie sehr einfach und genießen das Leben in der Gemeinschaft. Viele merken dabei, dass sie eigentlich weniger zum Leben brauchen, als sie dachten, wie einer der Pilger erzählt. Er nehme viele Anregungen mit, wie er seinen ökologischen Fußabdruck verkleinern kann.

Das will auch die **Aktion Klimafasten.** Jedes Jahr rufen mehrere evangelische und katholische Kirchen in Deutschland dazu auf, während der Fastenzeit klimafreundliches Verhalten auszuprobieren und zum Beispiel auf Autofahren zu verzichten.

Viele Kirchen und kirchliche Organisationen nehmen auch an politischen Aktionen teil. So demonstrierten Mitglieder des Jugendklimanetzwerks der Nordkirche

Praktische Tipps für ein klimaneutrales Leben

bereits zusammen mit Fridays for Future in Kiel. Das Netzwerk veranstaltet außerdem alle zwei Jahre eine Jugendklimakonferenz.

Zur Unterstützung der Fridays-for-Future-Bewegung hat sich außerdem **Churches for Future** gegründet. Verschiedene evangelische und katholische Kirchen und kirchliche Organisationen wollen damit das Anliegen von Fridays for Future unterstützen.

Auch **Brot für die Welt** engagiert sich für den Klimaschutz. Die Entwicklungsorganisation setzt sich unter anderem auf Klimakonferenzen dafür ein, dass das Pariser Klimaabkommen ambitioniert umgesetzt wird. Außerdem hilft Brot für die Welt verletzlichen Bevölkerungsgruppen bei der Anpassung an den Klimawandel (siehe Reisereportagen aus Bangladesch, Tuvalu, Äthiopien und El Salvador).

Das **Ökumenische Netzwerk Klimagerechtigkeit,** das von evangelischen und katholischen Einrichtungen getragen wird, will das kirchliche Engagement für Klimagerechtigkeit stärken und engagierte Menschen über die Konfessionsgrenzen hinaus unterstützen und vernetzen.

Mit der **Klima-Kollekte,** die selbst von kirchlichen Organisationen getragen wird, können diese oder auch Privatleute und Unternehmen ihre CO_2-Emissionen kompensieren (siehe Interview mit Olivia Henke).

Kirchliche Organisationen sind auch bei Bürgerinitiativen für mehr Klimaschutz dabei. An der **Initiative**

„Tschüß Kohle", die sich in Hamburg erfolgreich für einen Kohleausstieg in der Fernwärme eingesetzt hat, war zum Beispiel das Zentrum für Mission und Ökumene der Nordkirche beteiligt.

Wer konkret vor Ort etwas ändern will, kann zum Beispiel anregen, dass die eigene Gemeinde beim **Grünen Hahn**, beziehungsweise **Grünen Gockel**", mitmacht. Bei diesem Umweltmanagementsystem wird untersucht, wie viel Strom, Heizenergie und Wasser eine Gemeinde verbraucht, und ein Plan erstellt, wie Ressourcen eingespart werden können.

Das Projekt **Ökofaire Gemeinde** der Nordkirche funktioniert ähnlich. „Ökofair" kann eine Gemeinde werden, wenn sie zum Beispiel Recyclingpapier im Büro verwendet, Ökostrom bezieht oder Blumenschmuck in einem eigenen Blumenbeet anbaut.

So berät zum Beispiel das **Klimaschutzbüro** der Nordkirche Gemeinden zu Themen wie Energiesparen und Effizienz, regt Klimaschutzmaßnahmen vor Ort an und unterstützt den Erfahrungsaustausch unter Energiebeauftragten.

Auch in der Bildungsarbeit zum Thema sind die Kirchen engagiert: Bei den **Kita-Schöpfungswochen** der Nordkirche etwa geht es unter dem Motto Wasser, Sonne, Erde und Luft darum, das Umweltbewusstsein zu schärfen. Beim **Klimasegeln** fahren Jugendliche mit dem Segelschiff auf die Ostsee und untersuchen dort zum Beispiel die Folgen des Klimawandels. Auch die **Brot für die Welt Jugend** engagiert sich zu globaler Gerechtigkeit, Klima und Nachhaltigkeit.

WEITERLESEN

Wer mehr zur Kompensation erfahren möchte, bekommt bei der Klimakollekte Beratung: **www.klima-kollekte.de**

Brot für die Welt hat ein **Dossier zum Thema Klimawandel** mit vielen Projektbeispielen zusammengestellt: **www.brot-fuer-die-welt.de/themen/folgen-klimawandel**

Die **Brot für die Welt Jugend** ist ein Netzwerk von jungen Menschen, die mit eigenen Aktionen Bildungsarbeit zu globalen Gerechtigkeitsthemen leistet. Aktuelle Termine finden sich auf: **www.brot-fuer-die-welt.de/jugend**

Wer wissen will, wie sich die eigene **Landeskirche im Klimaschutz** engagiert, findet auf der Webseite der Arbeitsgemeinschaft der Umweltbeauftragten (AGU) der Gliedkirchen der Evangelischen Kirche in Deutschland eine Übersicht über die verschiedenen Klimaschutzkonzepte- und Ansprechpartner bei den Gliedkirchen: **www.ekd.de/agu/themen/klima/klimaschutzkonzepte_gliedkirchen.html**

In der **Mediathek Klimagerechtigkeit der Nordkirche** gibt es zahlreiches Bildungsmaterial zu Themen wie Klimawandel, Energiewende oder Lebensstil für Kinder, Jugendliche und Erwachsene: **www.klimamediathek.de**

Cornelia Füllkrug-Weitzel

Befreiung von Gottes Geschöpfen

EINE KLIMA-PREDIGT

Denn ich bin überzeugt, dass dieser Zeit Leiden
nicht ins Gewicht fallen gegenüber der Herrlichkeit,
die an uns offenbart werden soll.
Denn das ängstliche Harren der Kreatur wartet darauf,
dass die Kinder Gottes offenbar werden.
Die Schöpfung ist ja unterworfen der Vergänglichkeit –
ohne ihren Willen, sondern durch den,
der sie unterworfen hat –, doch auf Hoffnung;
denn auch die Schöpfung wird frei werden
von der Knechtschaft der Vergänglichkeit
zu der herrlichen Freiheit der Kinder Gottes.
Denn wir wissen, dass die ganze Schöpfung
bis zu diesem Augenblick mit uns seufzt und
sich ängstet.

Römer 8,18-22

Nur Greta schreit es laut heraus! Und mit ihr Hunderttausende ihrer Generation rund um den Globus: Hier geschieht Gewalt. Der Klimawandel tötet! Er nimmt allen, die auf der Erde leben, die Lebenschancen. Er nimmt uns die Zukunft. Er zerstört, was Gott so weise geschaffen hat.

Laut „Gewalt" schreien und anklagen – das nennt man gerne das „Privileg der Jugend". Ja, die können die Dinge noch beim Namen benennen. Die müssen ja auch noch keine Rücksicht nehmen auf die Kohle- und Autoindustrie, auf die Gewerkschaften oder auf Arbeitsplätze. Auch nicht auf die Wähler und die eigene Wiederwahl.

Die suchen noch nach ihrer Identität und ihrem Platz als Teil der Schöpfung. Und sich vom Lebensstil der Eltern abzusetzen, ist sogar cool. Die haben gut schreien, die Schülerinnen und Schüler!

Wir können uns das so nicht mehr leisten. Wir wissen ja, was auf dem Spiel steht, wenn wir plötzlich eine Energiewende herbeiführen. Und wir haben uns fertig eingerichtet in unserem Leben mit Auto, Fernurlaub, Fleisch und so. Wir haben einen sozialen Status und eine soziale Identität. Die aufzugeben und eine sozial-ökologische Kehrtwende zu machen, ist wahrlich nicht leicht. Da hängt ja auch ein ganzes Umfeld dran: der Mann, der nun mal ein Autonarr ist. Die Kinder, die immerzu das Licht an- und Fenster und Türen auflassen, wenn geheizt wird. Die umzustimmen, da fühle ich mich ziemlich machtlos. Aber irgendwie ja zugleich auch peinlich: das Richtige erkennen, aber die Kurve zur Verhaltensänderung nicht bekommen. Reden wir besser nicht laut drüber. Belassen wir es beim stillen Seufzen.

Mehr als Seufzen können die Menschen da, wo der Klimawandel jetzt schon zuschlägt, gewiss auch nicht. Was können sie denn sonst tun – sie sind ja noch viel machtloser als wir. Eigentlich sind sie ja nur Opfer. Und ich bin froh, dass das weit weg von mir geschieht. So höre ich die Seufzer der Inselvölker im Pazifik nicht, die zuschauen müssen, wie der steigende Meeresspiegel langsam aber sicher ihre Insel auffrisst. Ich höre die Seufzer eines Vaters an der Bucht von Bengalen nicht, dem die letzte Sturmflut in Bangladesch Frau und Säugling aus den Armen gerissen hat, mit denen er sie retten wollte. Seitdem

Cornelia Füllkrug-Weitzel

spricht er nicht mehr, weint und seufzt nur noch. Man kann es hier einfach nicht hören.

Und nun behauptet der Apostel Paulus in seinem Brief an die Römer auch noch, dass die ganze Schöpfung sich ängstigen und seufzen kann. Klingt absurd, oder?

Gut, dass der Klimawandel Grund für unsere Mitgeschöpfe sein könnte, zu seufzen, kommt mir schon weniger absurd vor. Zerstört er doch die Lebensgrundlagen so vieler Tier- und Pflanzenarten, die über Jahrtausende ihr Auskommen und ihren Lebensraum auf diesem Planeten hatten. Das will eigentlich keiner, aber das passiert so, ganz nebenbei, ganz unabsichtlich – Kollateralschaden halt. Als hätte die Schöpfung unter uns nicht sowieso schon genug Grund zum Seufzen.

Die ganze Schöpfung seufzt. Was soll sie auch sonst tun – anschreien gegen den Klimawandel kann sie ja nicht. Aber wer nimmt ihr Seufzen wahr im Knistern der Flammen, die Brandenburgs Wälder nach zu vielen regenlosen Monaten niederbrennen? Wer im Krachen abbrechender Gletscherteile in den Alpen oder dem Himalaya-Gebirge? Wer vernimmt die Seufzer der Fische, die mit den Seen in Afrika, aber auch in Brandenburg austrocknen? Kennt jemand das Seufzen der Eisbären, denen nicht nur das Fell zu warm wird, sondern auch der Eisboden unter ihren Füßen schmilzt? Wer hört das Seufzen verendender Kamele in den Dürrezonen in Subsahara-Afrika, wenn schon wieder eine Regenzeit ausbleibt?

Die Natur, die Mitgeschöpfe können nur seufzen. Zwar sagt der Volksmund: „die Natur schlägt zurück, sie wehrt sich gegen das, was wir ihr antun" – oder wieso gibt es in einem Jahrzehnt zwei Jahrhundertfluten an der Elbe? Aber dass das Unsinn ist, wissen wir selber. Es sind die Folgen unseres eigenen Tuns, die uns einholen – vorhersehbare Folgen. Wir hatten sie verdrängt, weil das unseren Plänen und Interessen im Wege stand. Darum schieben wir sie der Natur in die Schuhe. Die Schöpfung kann dem Leid, das wir ihr – unter anderem mit dem Klimawandel – antun, nichts entgegensetzen. Sie ist dem allen ja genauso unschuldig und hilflos ausgeliefert, wie die Menschen im Süden. Ihm ein Ende zu bereiten, hätten nur wir in der Hand. Aber wir tun es nicht mit voller Kraft und Konsequenz. Noch sehen wir mehr Vorteile in unserem gegenwärtigen Lebensstil als Nachteile.

Dass wir nur unseren Vorteil suchen, losgelöst vom Schicksal, ja auf Kosten anderer, das ist nicht nur Teil der aktuellen Probleme. Das ist das grundsätzliche Problem, das wir unserem Gott, unseren Mitgeschöpfen und unseren Kindern bereiten. Das spricht Paulus an, wenn er schreibt: *„Die Schöpfung ist ja unterworfen der Vergänglichkeit – ohne ihren Willen".* Er spielt damit auf die Schöpfungsgeschichte, den sogenannten Sündenfall und die Vertreibung aus dem Paradies an, die man in den ersten beiden Kapiteln des 1. Buches Mose nachlesen kann: Gott hat den ganzen Erdenkreis und die Vielfalt der Arten geschaffen – ein jedes Wesen mit je eigener Bestimmung und Platz in der Schöpfung. Und jedes ist in Gottes Augen gut gelungen und gut ausgestattet, um seiner Bestimmung gerecht werden und sorgenfrei leben zu können. Dazu ist es auf andere angewiesen, alle sind aufeinander bezogen

Cornelia Füllkrug-Weitzel

und damit auch voneinander abhängig. Dem Menschen hat Gott in dieser Schöpfungsgemeinschaft eine besondere Verantwortung für alles Mitgeschaffene gegeben – als Bebauer und als Bewahrer des Gemeinwohls. Diese Aufgabe hebt ihn hervor, aber nicht heraus. Er steht dadurch nicht über den anderen. Gott gibt ihm damit keinen Blankoscheck für Selbstherrlichkeit und Willkürherrschaft. Seine Aufgabe beschränkt sich darauf, die Ordnung und das Funktionieren der Schöpfungsgemeinschaft, wie Gott sie geschaffen hat, im Auge und im Gang zu halten. Und darauf zu achten, dass keiner und keines abgehängt wird: „to leave no one behind", wie das Motto der Globalen Agenda 2030 der Vereinten Nationen lautet.

Denn alles hat Gott wohl geordnet. Und er hat Grenzen gesetzt, damit die Welt nicht im Chaos versinkt, sondern alle Lebewesen in Harmonie und Frieden miteinander existieren können. Zu diesen Grenzen gehört auch der grundsätzliche Unterschied zwischen Mensch und Schöpfer: An Gottes Liebe und Urteil über jedes Geschöpf darf der Mensch nicht rütteln. Den Apfel vom Baum der Erkenntnis dürfen Adam und Eva deshalb nicht essen. Alle anderen Früchte aus dem Garten Eden schon. So weit, so gut. Paradiesische Zustände könnten also herrschen, wenn wir Menschen uns an diese Grenze hielten. Wenn wir Gottes Urteil gelten lassen würden, dass alle Geschöpfe gut geschaffen und wertvoll in seinen Augen sind. Keines würden wir dann mutwillig zerstören oder auch „nur" als „Kollateralschaden" aufs Spiel setzen, keines abhängen. Dann wäre die Welt noch heil. Aber wir stellen infrage, dass jedes Wesen in Gottes Plan zu etwas nutze ist und stellen lieber eigene Nützlichkeits-abwägungen an, die unseren Interessen dienen. Dadurch geraten alle Mitgeschöpfe auf schwankenden Boden. Ihre Existenz steht zur Disposition – egal wie wertvoll sie sind für das Gemeinschaftsprojekt Schöpfung. Man denke beispielsweise nur an die Folgen von Umweltgiften für die Bienen!

Adam und Eva missachten das Verbot und essen einen Apfel vom Baum der Erkenntnis, um an Gottes Stelle die Welt zu beurteilen. Kaum haben sie damit die Beziehung zum Schöpfer gestört, geraten alle Beziehungen im Schöpfungsgefüge aus dem Lot: Kain, der Ackerbauer, erträgt es nicht, dass sein Bruder Abel, der Viehhirte, scheinbar von Gott bessere Chancen oder Ressourcen eingeräumt bekommt. Er erschlägt den Abel, weil er – auf Kosten seines Bruders – mehr will, als Gott ihm zugeteilt hat. Da ist ihm die Verantwortung für dieses Mitgeschöpf egal: „Sollte ich meines Bruders Hüter sein?"

Diese Grenzüberschreitung und diese Ignoranz gegen-über seiner Verantwortung für Mitgeschöpfe hat Folgen: Die ganze, miteinander in einer Schicksalsgemeinschaft verbundene Schöpfung hat darunter zu leiden. Der Segen, der auf allen lag, ist dem Fluch Gottes gewichen: „Verflucht sei der Acker um deinetwillen", spricht Gott zu Adam. Feindschaft und Herrschaft werden zum Grundmuster aller Beziehungen zwischen den Geschöpfen. Mühsal, Härte, Schmerzen, Gewalt und die „Knechtschaft der Vergänglichkeit" sind – wie Paulus in seinem Brief an die Römer sagt – von nun an das Los der Schöpfung, nicht nur des Menschen.

Cornelia Füllkrug-Weitzel

Das Muster dieser Störung erkennen wir auch im Klimawandel: Die Industrienationen lassen die gesamte Schöpfung seufzen, weil sie auf Kosten anderer mehr Energieressourcen beanspruchen, als gut ist für das globale Gemeinwohl. Immer mehr Arten und Völkern werden die Lebensgrundlagen entzogen, die natürlichen Ressourcen werden überbeansprucht – alles auf Kosten eines harmonischen Zusammenlebens und auf Kosten der nächsten Generationen. Der Klimawandel treibt Kain und Abel, d.h. nomadisierende Viehhirten und Ackerbauern weltweit, in eine unerbittliche Konkurrenz um knapper werdende natürliche Ressourcen. Die immer gewalttätiger ausgetragen wird – z.B. in Nigeria oder in Kenia.

Aber der Fluch über Mensch und Schöpfung, der sich in Schmerz, Mühe, Gewalt und Vergänglichkeit ausdrückt, ist nicht Gottes letztes Wort. Wir haben Grund zur Hoffnung: Die Schöpfung wird mit uns befreit! Darauf dürfen wir vertrauen, ruft Paulus der verzagten Gemeinde in Rom damals und uns Verzagten heute zu.

Und diese Hoffnung kann den Ausschlag geben: Wenn wir Seufzen und Hoffen in eine Waagschale werfen, wiegt die Hoffnung schwerer – das steht fest. Dieses Pfund haben wir, dieses Gewicht kann die Lage verändern, die Entwicklung auf die positive Seite kippen lassen, den Kippmoment auslösen. Die Hoffnung lässt das Seufzen leicht werden, macht es vom resignierten zum Sehnsuchtsseufzer: Ach, wären wir doch schon da! Aus der Sehnsucht und festen Zuversicht wächst der Mut zur nötigen Veränderung und schließlich wird das Seufzen der Schöpfung und unser

Seufzen zum erlösten Aufseufzen. Die Hoffnung legt in uns den Schalter um und macht uns zu Betreibern des Wandels!

„Denn ich bin überzeugt, dass dieser Zeit Leiden
nicht ins Gewicht fallen gegenüber der Herrlichkeit,
die an uns offenbart werden soll.
…
Die Schöpfung ist ja unterworfen der Vergänglichkeit
… – doch auf Hoffnung; denn auch die Schöpfung wird
frei werden von der Knechtschaft der Vergänglichkeit
zu der herrlichen Freiheit der Kinder Gottes."

Dank seiner Gnade kann der Tag kommen, wo wir unserer Bestimmung doch noch entsprechen, respekt- und verantwortungsvoll mit allen anderen Geschöpfen umzugehen. Die ganze Schöpfung kann mit uns befreit aufseufzen. Gott hat uns in Christus wieder auf die Beine und neu auf den richtigen Weg gestellt. Sein Geist begleitet, stärkt, verändert, erneuert, begeistert uns dabei, ihn zu gehen – schenkt uns die neue Identität als Geschöpfe Gottes im Einklang und Zusammenspiel, in Verbundenheit mit der gesamten Schöpfung! Wir müssen uns nicht mehr über unseren Lebensstil und unseren Besitz und Status definieren. Wir erkennen unsere falschen Wege und können davon umkehren. Wir haben endlich Augen und Ohren für die Mitgeschöpfe und für Gretas Generation. Wir tun für uns, was auch ihnen guttut. Oder umgekehrt.

Noch sind wir nicht da, aber es braucht nur ganz wenig, um vom Teil des Problems zum Teil der Lösung zu werden:

Cornelia Füllkrug-Weitzel

- Unser Vertrauen und unsere Zuversicht auf Gott setzen. Ihm unsere Zukunft anvertrauen und darum Mut zur Umkehr, zu neuen Wegen schöpfen. Hoffnung haben und Hoffnungszeichen setzen, über die auch Greta und ihre jungen Mitstreiter froh werden!
- Jeden Tag mit offenen Augen und Ohren die Schöpfung in ihrer wunderbaren Vielfalt wahrnehmen. Wieder lernen, Ehrfurcht vor der Weisheit des Schöpfers und Freude an der Schöpfung zu haben!
- Gott Gott sein lassen und dankbar die Grenze unserer Freiheit, über den Wert des Lebens anderer zu entscheiden, akzeptieren. Nicht unser interessengeleitetes Urteil, sondern Gottes Urteil über den Wert jedes geschaffenen Wesens gelten lassen: „Und siehe, es war sehr gut". Es gut sein lassen und ihm guttun.
- Zur Hüterin unserer Geschwister in nah und fern, der kommenden Generationen und der anderen Geschöpfe werden, nicht zu Konkurrenten um Ressourcen.
- Mit dem Maß, das er uns gesetzt hat, zufrieden sein, darin Genüge haben und darauf vertrauen, dass er ein Leben in Fülle für alle bereithält. Im Vertrauen darauf mit den natürlichen Ressourcen vernünftig haushalten und teilen.

Amen

Cornelia Füllkrug-Weitzel

Wie aus dem sinkenden Boot eine rettende Arche werden kann

NACHWORT

Die Fülle der Aspekte und Perspektiven, die in diesem Buch zusammenkommen, treffen sich alle in einer Erkenntnis: Der Klimawandel ist eine Realität, von der eine akute Bedrohung ausgeht! Wir müssen uns ihr stellen – um der eignen Zukunft willen, wie um der Zukunft der Menschen im Globalen Süden willen. Der Klimawandel zerstört weltweit jahrzehntelange Entwicklungsfortschritte und ist der größte Armutstreiber. Der Klimawandel ist zu einer globalen Herausforderung geworden, die wir nur alle gemeinsam, über alle Staatengrenzen hinweg, bewältigen können. Klima geht uns alle an!

Der im Oktober 2018 veröffentlichte 1,5 Grad-Sonderbericht des Internationalen Klimarates – und zusätzlich die nach Fertigstellung dieses Sonderberichtes veröffentlichte Feststellung der Wissenschaftler, dass das Eis in der Arktis noch schneller schmilzt, als bisher angenommen – zeigen eines überdeutlich: die Ziele nachhaltiger Entwicklung, die allen Menschen bis 2030 ein Leben in Würde ermöglichen sollen, sind nur erreichbar, wenn es uns gelingt, die globale Erwärmung auf 1,5 Grad Celsius zu begrenzen. Keiner kann und keiner muss den Kampf gegen den Klimawandel alleine gewinnen. Wir müssen unser Wissen, unsere Energie und unsere Kreativität als Zivilgesellschaft, Wirtschaft, Wissenschaft und Politik bündeln, neue Allianzen bilden und global einen Kampf führen – gemeinsam, aber mit unterschiedlichen Verantwortungen und Ansatzpunkten. Dafür bleiben uns laut Sonderbericht noch maximal zehn Jahre, in denen wir die globalen Emissionen halbieren müssen. Professor Rockström, einer der international angesehensten Klimaforscher, nennt ihn in diesem Buch „den wichtigsten wissenschaftlichen Bericht, der jemals geschrieben wurde". Zu Recht, denn es geht um unsere Zukunft. Um sie zu bewahren, müssen wir endlich damit aufhören, uns zu vertagen, Verantwortung und Folgen von uns wegzuschieben. Wir sitzen alle in einem sinkenden Boot, aus dem wir aber noch immer eine Arche für die Menschheit mitsamt der anderen Arten und Geschöpfen machen können. Das ist die erste Schlussfolgerung, die ich mit Ihnen teilen möchte.

Das geht nicht „ohne einen jeden von uns", um Worte des bekannten evangelischen Theologen Helmut Gollwitzer zur Eröffnung der ersten Spendenaktion von Brot für die Welt am 12. Dezember 1959 zu benutzen. Gollwitzer rief seinerzeit auf zu einer „Aufrüttelung, ein Herausgerüttelt werden aus der Trägheit des Herzens, aus jener törichten, kurzsichtigen und verantwortungslosen Trägheit, mit der wir genießen, was wir haben, ohne zu fragen, wie es um uns her aussieht." So wie Gollwitzer damals das entschiedene Engagement aller im Kampf gegen den Hunger einforderte, möchte ich Sie heute, liebe Leserinnen und Leser, dazu aufrufen, sich gegen den Klimawandel zu engagieren: Lebensstil und Klimawandel gehören eng zusammen. Dieses Buch zeigt viele Wege auf, wie man das tun kann: Es ist kein großer Schritt für jeden Einzelnen von uns, aber ein großer Schritt für unser Land und die Welt, wenn wir alle unsere Elektrizitätsversorgung mit einem einfachen Wechsel des Stromanbieters auf erneuerbare Energien umstellen. Wenn wir mehr der vielen kurzen Wege zu Fuß oder mit dem Fahrrad zurücklegen und mehr längere Strecken mit dem Zug anstatt mit dem Billigflieger, verbessern wir nicht nur unsere Klimabilanz. Wir gewinnen auch an Lebensqualität und fördern noch dazu unsere Gesundheit.

Verschiedene Formen von Shared Economy tragen ebenso dazu bei, nicht nur weniger Energie zu verbrauchen, sondern auch neue Formen des Teilens und Netzwerkens zu entwickeln, die den gesellschaftlichen Zusammenhalt und das gesellschaftliche und globale Gemeinwohl fördern. Wenn wir mit möglichem Haus- oder Flächeneigentum zur Generierung von alternativen Energien beitragen, erzielen wir sogar Partizipationsgewinne und helfen mit, dezentrale Energiekonzepte zu verwirklichen, die in der Hand der Bürger selber liegen könnten. Sich der Verlegung von Stromtrassen für erneuerbare Energien unter Inanspruchnahme des demokratischen Instruments „Bürgerbeteiligung" zu verweigern, weil die höchst partikularen Eigeninteressen betroffen sind, bewirkt von alledem das Gegenteil.

Fleisch auf dem Teller war in Deutschland vor nicht allzu langer Zeit ein Luxusprodukt und ist es noch heute für große Teile der Weltbevölkerung. Niemand hindert uns daran, zur guten alten Tradition des Sonntagsbratens zurückzukehren und den Rest der Woche vegetarisch zu leben. Indem wir uns die „Freiheit zur Begrenzung" nehmen, wie es Bischof Bedford-Strohm formuliert, schaffen wir durch bewussten Verzicht ein Mehr und nicht etwa ein Weniger an Lebensqualität.

Daneben bedarf es eines tiefgreifenden Wandels von oben, das heißt in Politik und Wirtschaft. Die junge Klima-

Aktivistin Luisa Neubauer sagt in ihrem Interview für dieses Buch: „Das heißt im Zweifel wird ein Emissionswandel nicht ohne Gesellschaftswandel funktionieren. Und der ist generell mit einem wirtschaftlichen Wandel verknüpft." Deutschland hat – seit wir eine Klimakanzlerin haben, mehr noch seit der Ausrufung der „Energiewende" nach Fukushima und dank seiner vorwärtsdrängenden Rolle bei den Pariser Klimaverhandlungen 2015 – ein sehr positives Image als Vorreiter und Vorbild des Kampfes gegen den Klimawandel gehabt. Viele politische Hoffnungen weltweit richten sich trotz mancher Enttäuschungen noch immer auf unsere Regierung. Politiker wie Zivilgesellschaft weltweit warten darauf, dass unsere Regierung ihren Worten Taten folgen lässt und endlich mutig handelt: „Walk the talk!" Wählen und unterstützen wir diejenigen in Politik und Wirtschaft, die tun, was sie sagen, und sagen, was sie tun! Und die, die nicht stets nur vor den Kosten des Umbaus unserer Wirtschaft warnen, sondern endlich beginnen, beherzt da hinein zu investieren. Sollen sie uns außerdem endlich auch die gesamte Rechnung aufmachen und Rechenschaft über die Kosten im Falle von andauernder Untätigkeit ablegen: massive Waldschäden und Infrastrukturschäden, Einstellung der Binnenschifffahrt, Wassermangel, Rückgänge der landwirtschaftlichen Produktion. Die übersteigen auf Dauer bei Weitem die öffentlichen Ausgaben oder privatwirtschaftlichen Investitionen, die nötig sind, um dem Klimawandel entgegenzutreten. Es ist an der Zeit, das absichtsvoll irreführende Narrativ, dass Klimaschutz ärmer macht, mehr Arbeitslosigkeit und weniger wirtschaftliche Prosperität bedeutet, zu beenden. Das Gegenteil ist der Fall: Ein ungebremster Klimawandel zerstört unsere wirtschaftlichen Grundlagen und den sozialen Zusammenhalt unserer Gesellschaften. Freilich muss der Übergang in eine dekarbonisierte Wirtschaft und Gesellschaft struktur-, bildungs- und sozialpolitisch flankiert werden, damit er keine inakzeptablen Härten schafft. Ansonsten gilt, dass ambitionierter Klimaschutz eine große Chance für uns alle bedeutet, wirtschaftlichen Wohlstand und Innovationsschübe, für die Einzelnen neue Lebenschancen und ein Mehr an Lebensqualität schaffen kann. Ein Wechsel des öffentlichen Narrativs muss endlich gefördert werden, um die Bevölkerung erfolgreich in die dringend erforderliche sozial-ökologische Transformation mitzunehmen. Entschlossenheit, Unabhängigkeit und Wahrhaftigkeit in Sachen Klimaschutz müssen Kommunikation und Handeln der Politiker auszeichnen, die unser Land und unsere Welt in die Zukunft führen wollen – das ist meine zweite Schlussfolgerung, deren Beachtung ich Ihnen gerne ans Herzen legen möchte.

Das ist in vielerlei Hinsicht ein Gebot der politischen Vernunft. Auch hier kann ich mich an Gollwitzers Rede anlehnen, der vor sechzig Jahren davon sprach, dass der Beitrag im Kampf gegen den Hunger nicht nur ein Akt der Barmherzigkeit sei, sondern in unserem wohlverstandenes Eigeninteresse liege: „Sollte unser Erbarmen zu schwach, unser Herz zu hart sein, dann sollte wenigstens unsere Vernunft uns sagen: Wenn wir nicht rechtzeitig durchgreifende Hilfe schaffen, braut sich da ein Unheil zusammen, das sich über unseren eigenen Köpfen entladen wird.“

Das gilt heute genauso für den Klimaschutz. Die zwei Jahrhundertelbfluten sowie die zahllosen Waldbrände der letzten Sommer geben uns einen Vorgeschmack. Und Gollwitzers Vorhersage, dass im Falle andauernder Ungerechtigkeit die Menschen aus den ehemaligen Kolonien sich auf den Weg zu uns machen könnten, lässt sich ganz sicher auch für den Klimawandel treffen. Wenn es uns nicht gelingt, die Erderwärmung unter 1,5 Grad zu halten, werden Abermillionen ihren bisherigen Lebensraum verlassen müssen, in dem das Überleben von Menschen nicht mehr dauerhaft möglich sein wird. Die Reiseberichte aus Bangladesch und dem Pazifik geben davon einen kleinen Eindruck. Bisher haben Klimaflüchtlinge keinerlei völkerrechtlichen Rechts- und Schutzstatus, kein Recht auf Kompensation oder Unterstützung. Bis 2050 könnte die Zahl der Menschen, die klimabedingt ihr Zuhause verlieren und zur Umsiedlung gezwungen sind, auf 140 Millionen allein im südlichen Afrika, Lateinamerika und Südasien anwachsen. Schon heute fliehen dreimal mehr Menschen wegen Umweltereignissen als wegen Krieg und Konflikten. Die Weltbank warnt davor, dass es immer mehr Klimaflüchtlinge geben werde, wenn die Politik nicht entschiedener gegen den Klimawandel vorgeht. Wo sollen die Menschen hingehen, denen der steigende Meeresspiegel oder die Versteppung im Wortsinne den Boden unter den Füßen wegzieht, weil wir nicht von unserer Wirtschafts- und Lebensweise Abstand nehmen wollen?

Die Radikalität der Forderungen von Greta Thunberg und ihren Millionen jugendlichen Mitstreitern mag zunächst befremdlich erscheinen, scheint die Welt doch wohl zu komplex für schnelle und radikale Lösungen. Nein, sagen der Meteorologe Sven Plöger und die Politikerin Bärbel Höhn: Gerade, weil wir im Begriff sind, das komplexe Klimasystem der Erde aus der Balance zu bringen, mit unübersehbaren und gravierenden Folgen, müssen wir schnell handeln und radikale Schritte ergreifen. Und ist es nicht immer so gewesen, dass große und letztlich erfolgreiche gesellschaftliche Veränderungen in Reaktion auf die großen Menschheitsherausforderungen nicht von der Spitze der Staaten und dem Establishment ausgingen, sondern von kleinen Gruppen von Vordenkern und „radikalen" Visionären, von den Jungen und nicht den Alten? „I have a dream" – damit gab Martin Luther King am 28. August 1963 vor 250.000 Menschen in Washington der Bürgerrechtsbewegung eine Vision und Auftrieb. Sie brachte den Afroamerikanern in den USA schließlich die vollständige formelle Gleichstellung, was noch kurze Zeit davor undenkbar erschien. Meine dritte Schlussfolgerung lautet deshalb, dass wir im Kampf gegen den Klimawandel keine Angst vor radikal erscheinenden Forderungen haben dürfen, sondern im Gegenteil dieser Radikalität und der Kraft der Jugendbewegung Fridays for Future als Treiber von Veränderung bedürfen. Zugleich ist es unser aller Pflicht und zugleich auch Privileg, daran mitzuwirken, dass aus dem Protest der Jugendlichen eine machtvolle, generationenübergreifende Klimabewegung wird. Wir haben es noch in der Hand, den katastrophalen und unumkehrbaren Klimawandel abzuwenden. Die Nachkriegsgenerationen haben ganz erheblich dazu beigetragen, dass sich die Erde so schnell aufheizen konnte. Sie tragen darum eine besondere Verantwortung – stellen wir uns unserer Verantwortung! Das ist meine vierte Schlussfolgerung.

Klimawandel ist schließlich und endlich nicht allein eine Frage der Technologie, des Wirtschaftens und politischen Gestaltens. Klimawandel stellt uns als Christen vor mehrere zentrale ethische Fragen, die an die Grundfesten unseres Glaubens rühren. Zum einen wirft unser Umgang mit dem Klimawandel in mehrerlei Hinsicht die Frage der Gerechtigkeit auf: Gerechtigkeit zwischen den Generationen, gegenüber unserer Mitwelt und gegenüber den Menschen in aller Welt, zuallererst gegenüber den Armen und den Verletzlichsten. Darum beschäftige ich mich als Präsidentin von Brot für die Welt und der Diakonie Katastrophenhilfe seit über zehn Jahren mit dem Thema Klima und war Mitgründerin der Klimaallianz. Es geht für uns um ein neues Gerechtigkeitsthema, um Klimagerechtigkeit. Wer die Lebenschancen anderer durch sein Verhalten mutwillig zerstört, hat nicht nur eine zentrale Verantwortung, diese fortschreitende Ungerechtigkeit unverzüglich zu stoppen. Diejenigen, die den größten klimaschädlichen Fußabdruck hinterlassen, tragen die größte Verantwortung, das Klima zu schützen und die Schäden des Klimawandels zu beheben und auszugleichen. Wir haben auch die christlich-ethische Verpflichtung, für ausgleichendes Recht und Gerechtigkeit zu sorgen und darauf zu achten, dass auch in Zeiten des Klimawandels Menschen bekommen, was sie zur Aufrechterhaltung nicht nur ihres Lebens, sondern auch ihrer Würde benötigen. Darum engagiert sich Brot für die Welt gegenüber unserer Regierung – und gemeinsam mit den anderen europäischen kirchlichen Hilfswerken auch gegenüber der EU – für ausreichende internationale Finanzierungen für Klimaanpassungsmaßnahmen weltweit, Rechtsregelungen und Ausgleichzahlungen für Menschen, die durch den Klimawandel große Schäden und Verluste erlitten haben oder die sich gar dazu gezwungen sehen, ihre Heimat zu verlassen.

Der Klimawandel wirft auch die Frage unseres Selbstverständnisses als Teil der Schöpfung auf: Wir sind nicht als isolierte Individuen geschaffen, denen es nur um das eigene Wohl zu gehen hat, sondern als Teil von Gemeinwesen und eines größeren geschaffenen Kosmos. Wir sollen unserer Brüder, Schwestern und der gesamten Mitwelt Hüter sein – nicht nur unsere Eigeninteressen und unser Eigentum auf Kosten anderer hüten. Erzbischof Thabo Makgabo spricht in diesem Buch das jahrzehntelange Missverständnis unserer westlichen Theologie an: „Wir sollten uns die Erde untertan machen", womit wir einer grenzenlosen Unterwerfung, Ausbeutung, Vermarktung der begrenzten Ressourcen der Erde Vorschub geleistet haben, statt unsere fragile Erde mit den in ihrer Würde bedrohten Menschen ebenso wie unseren wunderbaren Mitgeschöpfen zu bewahren und zu erhalten.

Nicht nur die Welt und künftige Generationen werden uns daran messen, ob wir hierzu beigetragen haben. Jesus weist in seiner Rede über das Endgericht (Mt. 25,31 ff.) darauf hin, dass auch Gott uns und unseren Glauben an ihn daran messen wird. Klimaschutz, so meine letzte Schlussfolgerung, ist für Nichtgläubige ein moralischer

Imperativ, für gläubige Christenmenschen eine Frage, die den Glauben betrifft. Viele haben das erkannt und sich auf den Weg gemacht. Dazu zählen die Nordkirche und viele hier nicht genannte Gemeinden und Kirchenkreise! Sie demonstrieren, was wir auch kollektiv als Kirche tun und erreichen könnten. Das Klima geht uns also alle an und ich schließe dieses Buch in der Hoffnung, Ihnen, liebe Leserinnen und Leser, facettenreiche Einblicke, neue Erkenntnisse, hilfreiche praktische Hinweise und vor allem Ansporn gegeben zu haben, dem Klimawandel mit Zuversicht und Tatkraft entgegenzutreten.

Ich freue mich sehr, dass dieses Buch zustande gekommen ist. Dazu beigetragen haben einige Menschen, denen ich an dieser Stelle besonders danken möchte.

Zunächst einmal danke ich den Mitarbeiterinnen und Mitarbeitern unserer internationalen Partnerorganisationen, die mir eindrucksvolle Einblicke in ihr Engagement und Wirken gegeben haben und mich wichtige Erfahrungen haben gewinnen lassen. Ich danke meinen Kolleginnen und Kollegen, die mit ihrer langjährigen Expertise die Arbeit von Brot für die Welt begleiten und mich auch bei der Erstellung dieses Buches unterstützt haben. Ein herzlicher Dank geht an die Autorinnen und Autoren sowie Interviewpartnerinnen und Interviewpartner für ihre Beiträge und die zumeist langjährige Zusammenarbeit. Thomas Hirsch, Klimaexperte und ehemaliger entwicklungspolitischer Beauftragter von Brot für die Welt, danke ich für die redaktionelle Beratung und Begleitung.

Bildnachweis

Illustration S.194: Francesco Ciccolella

Fotos: Hermann Bredehorst (Seite 123, 207); Kathrin Harms (Seite 155);
Philipp Hedemann (Seite 126, 127, 131); Christof Krackhardt (Seite 27, 73, 99, 136, 137,
141, 142, 146, 147, 149); Thomas Venker (Seite 29); Konstantin Volkmar (Seite 17);
Norbert Neetz/epd (Seite 112); Probal Rashid (Seite 107, 117); Frank Schultze
(Seite 120); Anel Sancho Kenjekeeva (Seite 158); Carsten Stormer (Seite 89, 167);
Heike Rost (Seite 47); Ziegler (Seite 183)